JN312100

実践 理科教育法
―子どもの「すごい！」を引き出す手作り授業―

宮下 治 著

関東学院大学出版会

はじめに

　いわゆる「理科嫌い・理科離れ」が中学生、高校生の段階で急増するという我が国の大きな教育課題があります。そのためにも、身近な自然の事物・現象についての観察、実験を通して、発見を楽しんだり、考えたりし、それを生活に取り入れようとするなどの自然科学の楽しさを小学生の段階から計画的にはぐくんでいくことが必要です。

　2008年3月に告示された小学校学習指導要領「理科」の目標には、「自然に親しみ、見通しをもって観察、実験などを行い、問題解決の能力と自然を愛する心情を育てるとともに、自然の事物・現象についての実感を伴った理解を図り、科学的な見方や考え方を養う。」とあります。教員がしっかりと自然事象を子どもたちに直接見せ、触れさせていく授業を行っていくことが重要です。

　ところで、小学校の先生方は理科の授業が得意なのでしょうか。独立行政法人科学技術振興機構（JST）理科教育支援センターと国立教育政策研究所が共同で、2008年度に公立小学校の教職5年未満の小学校学級担任500人を対象に調査を実施しています。その結果によると、理科が「好き」と回答した教員は91％、一方、理科の指導を「得意」と回答した教員は0％、「やや得意」と回答した教員は36％であったことが報告されています。つまり、小学校教員は理科は嫌いではないが、児童への指導は得意ではないという実態が明らかになってきました。

　教える教員自身が「楽しい」「ウキウキする」と感じる理科の授業でなかったら、子どもたちに自然事象の楽しさや不思議さを伝えていくことはできないのです。本書は、将来小学校の教員をめざす学生一人ひとりが、楽しくウキウキする自然事象を用い、自然大好きな子どもをはぐくむための理科授業の工夫を行ったものです。第2章では、学習指導要領に沿った学習内容を、手作りの観察や実験の工夫を通して自然大好きな子どもをはぐくむための理科授業の工夫の事例を紹介します。第3章では、指導者自身が発見した自然

事象の内容を、手作りの観察や実験の工夫を通して自然大好きな子どもをはぐくむための理科授業の工夫の事例を紹介します。特に第3章で紹介する授業の事例は、本来の学習内容の導入に使えたり、発展学習として使えたりする内容となっています。本書を参考に、これから小学校の先生をめざす多くの学生の方々はもとより、小学校で理科を直接指導されている先生方にとって、これからの理科授業を計画・実施していく際の一助としていただければ幸いです。

　終わりに、本書を出版できたのは、私が本務校として授業を受け持っています関東学院大学の小学校教員免許取得希望学生、並びに講師として授業を受け持っています武蔵野大学の小学校教員免許取得希望学生の創意と努力によるところ大です。ここに記して感謝申し上げます。また、本書が出版できたのは、2009（平成21）年度関東学院大学出版会の出版助成の交付によるもので、記して感謝を申し上げます。そして、出版と編集に格別のご配慮とご尽力をいただきました関東学院大学出版会の四本陽一氏に心からお礼を申し上げます。

　2010（平成22）年4月

　　　　　　　　　　　　　　　　　　　　　　　　宮　下　　治

目　　次

はじめに................ iii

第 1 章　よりよい理科授業の作り方 1
　（1）理科授業の目標と学習内容........ 2
　（2）よりよい理科授業の作り方
　　　　―授業の PDCA サイクル― 3
　（3）学習指導計画書の作り方........ 6
　（4）理科授業を行う上での留意点....... 7

第 2 章　自然大好きな子どもをはぐくむ学習指導要領に沿った理科授業の工夫 9
　（1）3 年生 A 領域の理科授業の工夫
　　　　―物と重さ― 10
　（2）3 年生 B 領域の理科授業の工夫
　　　　―太陽と地面の様子― 18
　（3）4 年生 A 領域の理科授業の工夫
　　　　―空気と水の性質― 25
　（4）4 年生 B 領域の理科授業の工夫
　　　　―月と星― 32
　（5）―1　5 年生 A 領域の理科授業の工夫
　　　　―振り子の運動（事例 1）― 39
　（5）―2　5 年生 A 領域の理科授業の工夫
　　　　―振り子の運動（事例 2）― 49
　（6）5 年生 B 領域の理科授業の工夫
　　　　―植物の発芽、成長、結実― 55

（7）6年生A領域の理科授業の工夫
　　　　　―水溶液の性質― 63
　　（8）6年生B領域の理科授業の工夫
　　　　　―人の体のつくりと働き― 70

第3章　自然大好きな子どもをはぐくむ先生の発見事象による理科授業の工夫 79
　　（1）3年生A領域の理科授業の工夫
　　　　　―スライムで遊ぼう！― 80
　　（2）3年生B領域の理科授業の工夫
　　　　　―身近なダンゴムシを観察しよう― 88
　　（3）4年生A領域の理科授業の工夫
　　　　　―最強のシャボン玉を作ってみよう！― 94
　　（4）4年生B領域の理科授業の工夫
　　　　　―松ぼっくりの特徴― 102
　　（5）5年生A領域の理科授業の工夫
　　　　　―ひんや～り冷たい保冷剤の不思議― 112
　　（6）5年生B領域の理科授業の工夫
　　　　　―水の力を知ろう～水の侵食～― 118
　　（7）6年生A領域の理科授業の工夫
　　　　　―コーラの不思議― 124
　　（8）6年生B領域の理科授業の工夫
　　　　　―土は自然の魔法使い― 132

第4章　よりよい理科授業を目指して 141
　　（1）先生をめざす学生が思う小学校理科授業への抱負 142
　　（2）先生と先生をめざす学生に期待すること 152

第1章　よりよい理科授業の作り方

（1）理科授業の目標と学習内容

① 小学校理科の目標

> 自然に親しみ、見通しをもって観察、実験などを行い、問題解決の能力と自然を愛する心情を育てるとともに、自然の事物・現象についての実感を伴った理解を図り、科学的な見方や考え方を養う。

（文部科学省「小学校学習指導要領」，平成 20 年 3 月より引用）

　つまり、小学校の理科においては、<u>観察、実験などを行い</u>、①問題解決の能力と自然を愛する心情、②自然の事物・現象についての理解、③科学的な見方や考え方を養うというもので、実際の自然事象に触れさせた上で、①～③の学力を育むとの重要性が示されています。

② 小学校理科の学習内容

　小学校での理科は、いわゆる物理や化学の領域を「A　物質・エネルギー」とし、生物や地学の領域を「B　生命・地球」の領域に分けています。具体的な学習指導内容は以下のようになります。

学年	領域	学習内容（単元）
第3学年	A	(1) 物と重さ　(2) 風やゴムの働き　(3) 光の性質 (4) 磁石の性質　(5) 電気の通り道
	B	(1) 昆虫と植物　(2) 身近な自然の観察　(3) 太陽と地面の様子
第4学年	A	(1) 空気と水の性質　(2) 金属、水、空気と温度 (3) 電気の働き
	B	(1) 人の体のつくりと運動　(2) 季節と生物　(3) 天気の様子 (4) 月と星
第5学年	A	(1) 物の溶け方　(2) 振り子の運動　(3) 電流の働き
	B	(1) 植物の発芽、成長、結実　(2) 動物の誕生　(3) 流水の働き (4) 天気の変化
第6学年	A	(1) 燃焼の仕組み　(2) 水溶液の性質　(3) てこの規則性 (4) 電気の利用
	B	(1) 人の体のつくりと働き　(2) 植物の養分と水の通り道 (3) 生物と環境　(4) 土地のつくりと変化　(5) 月と太陽

（文部科学省「小学校学習指導要領」，平成 20 年 3 月より作成）

（2）よりよい理科授業の作り方
―授業の PDCA サイクル―

　教える教員自身が「楽しい」「ウキウキする」と感じる理科の授業でなかったら、子どもたちに自然事象の楽しさや不思議さを伝えていくことはできないのです。子どもを指導する教員自身が自然事象と触れ合い、新たな「発見」をし、自分自身が「すごい！」、「面白い！」、「不思議だな」など大きな感動を体験することが一番です。

　私は、これまでに多くの小学生・中学生・高校生・大学生、そして、現職の学校の先生方に自然の姿を直接見てもらうことを目的に、よく野外に連れ出しています。私が指導できるのは、地層や化石ですので、神奈川県三浦市の城ヶ島、東京都立川市の多摩川、埼玉県秩父郡の長瀞、千葉県市原市の瀬又などで、特徴ある地層や岩石を観察してもらったり、化石採取をしてもらったりしています。

　特に、化石採取の場面では、現地に行くまではあまり意欲的でない方々も、いざ化石採取のときになると、意欲満々に化石採取を行います。はじめのうちはなかなかうまく化石が採取できませんが、一人が取れると、自分も是非取りたいという思いが大きくなり、1～2時間、無我夢中で頑張っています。化石が取れ、私のところに「これ化石ですか？」と皆さん持って来ます。そして「そうですよ。すばらしい貝化石ですね。」と言うと、小学生も大人も関係なく、「やったー！」と大喜びされます。こうした「面白い！」と思える野外での自然体験は、その人にとっては自然の中での「大発見」なのです。自分自身が「すごい！」、「面白い！」と感じたことは、人にもその感動を伝えていけます。

　教員自身が発見や感動した楽しくウキウキするような自然事象（素材）を、どうやったら子どもたちに伝えていけるかとじっくり考え、観察・実験の方法を工夫し、ワークシートを工夫し、授業の準備をしていくことが必要です。私が常に学生に言っているのは、1時間の授業の中に必ず自然事象と触れ合える場面（観察・実験など）を入れてほしいということです。そして、教員の手作りの教材・教具を工夫するということです。特に、小学校の理科の授

業では、実物に触れなければ教育効果は激減します。また、市販の実験キットなどお金をかけずに、教員の手作りの教材・教具の方が児童には親しみやすいのです。

こうした理科の日々の授業を作っていくためには、教員が授業を計画（Plan）し、実施（Do）し、その授業の計画や実施を評価（Check）し、次の授業のために改善（Action）していくことが重要です。その流れを次に示していきます。

＜授業までの流れ＞

① **（授業の構想段階）**：児童に学習指導する単元内容について、何の目的で、どのように児童に指導していこうとするのか、授業の構想を明確にします。必要なことは、その学習を通して、どのような子どもを育てたいのかと指導者（教員）が明確にもっていることです。

② **（教材・教具の準備段階）**：授業の構想（授業の目標）を達成させることのできる教材・教具（ワークシートなどのプリントなども含む）を考え、準備します。

＜教材で考えてほしいこと…＞
- ○ 児童にとって身近な自然事象であってほしいと思います。
- ○ 教室内だけでなく、児童が直接、見て、触れ、確かめられる教材であってほしいと思います。
- ○ 教材や教具はなるべく教員の手作りがよいと思います。その方が児童には親しみやすくなります。

③ **（学習指導計画作成の段階）**：学習単元全体の授業計画と、授業で実施する時間分（例えば45分間分）の授業細案を作成します。なお、学習指導計画とは授業の設計図であると思います。他の教員が見て授業を再現できるように記入しておくことが大切です。

＜学習指導計画で考えてほしいこと…＞
- ○ 小学校の理科授業の中には、観察や実験など、直接児童が確かめられる体験の場面を必ず入れることが重要です。

④ (**授業の最終準備段階**)：学習指導計画、教材、ワークシート（児童に配布するプリントには学習していない漢字などが使われていないか十分に点検します）などの印刷を行います。また、観察・実験の最終準備を行います。
　実験・観察に用いる材料などは、学級の児童全員分もしくは班分が揃えられればよいのですが、無理な場合には、教師の演示実験や観察だけということもあり得ると思います。とにかく、学習指導に用いる教材・教具などは、自然の中や児童の日常生活の中にある物を考えたり、教員が自作したりした方がより教育効果が出てきます。

⑤ (**授業の実施段階**)：授業を実施します。実施の場面では、学習指導計画通りにならないことの方が多くあります。児童の学習の様子に合わせて進行していくことが大切です。

⑥ (**授業の評価段階**)：児童の授業中（観察・実験）の様子、ワークシートへの記述内容、児童の学習自己評価、テストなどを総合して、授業全体を評価します。校長先生や他の先生方にも積極的に、自分の理科授業の様子を観察していただき、助言をもらうことは授業を評価する上でも大変に有意義だと思います。

⑦ (**授業の改善段階**)：授業の評価を受け、学習指導計画、教材、教具、ワークシートなどの改善を行い、次回の授業のための準備を行います。

（3）学習指導計画書の作り方

　学習指導計画とは授業の設計図であると思います。他の教員が見て授業を再現できるように記入しておくことが大切です。下は学習指導計画書のモデルです。参考にしてください。

○○小学校理科授業の学習指導計画書

授業者氏名＿＿＿＿＿＿＿＿

1　授業の学級　　○年○組　児童○○名（男子○○名，女子○○名）
　　（必要に応じて，学級や児童の状況など書くこともあります。）
2　授業の単元名
3　授業単元の学習指導目標（ねらい）
　　・・・・・・・・・、・・・・・・・・・・・をねらいとする。

　　(1) 関心・意欲・態度；
　　(2) 思考・判断；
　　(3) 技能・表現；
　　(4) 知識・理解；

> それぞれの観点において、どのようなことができるとよいと考えるのか、明記します。（・・・ができる。と書く、「行動目標」の示し方だと一層わかりやすい。）

4　観察・実験の内容
　　（教材・教具などについて説明を加える必要があります。）
5　授業単元の学習指導計画（概要）
　　（学習単元の指導には、導入・展開・まとめがあることを意識してください。）
　　第1時・・・・・
　　第2時・・・・・
　　第3時（本時）・・
6　本時の学習指導計画（授業細案）
　　(1) 本時の学習指導目標（ねらい）
　　(2) 時間・教師の活動・児童の活動・備考などに分けて表形式で示します
　　（児童の学習活動を具体的に書くことが重要です。）

時間	教師の活動	児童の活動	評価
0分	はじめ（礼） ・本日の授業のねらいを話す	はじめ（礼） ・観察に興味をもつ	・観察に興味をもったか
5分	○○の観察と記録を行う		
	・机間指導を行う	・観察を行う	・顕微鏡の使用は適切か
30分	○○の観察結果の発表と協議を行う		
	・結果を発表させる ・学習のまとめを行う。	・観察結果をまとめ、発表する ・学習のまとめを行う。	・しっかりと考察できているか
45分	終わり（礼）	終わり（礼）	

(4) 理科授業を行う上での留意点

① 授業の構想（授業の目標）を達成させることのできる教材・教具(ワークシートなどを含む)をしっかりと準備できていますか。

　子どもたちにウキウキした観察や実験を行わせるにも、事前にしっかりとした準備ができていないとだいなしです。まず、用いる教材が児童にとって身近な自然事象であるかどうか、再度検討してください。そして児童ができるだけその自然事象を直接、見て、触れ、確かめられる教材であるのか再度検討してください。

　なお、観察や実験に用いる教材や教具はなるべく先生の手作りがよいと思います。何故か。私は、長く学校現場で理科の授業を持っていました。といっても、実際には地学(特に地層や化石など)を中心に教えてきました。私自身、高校生の頃から岩石用のハンマーなどは見慣れていましたが、どうも、苦手意識のせいか、ビーカーや試験管などの実験器具を見ると、それだけで、何か体が引けてしまいます。高校で理科を教え、今、大学で理科教育法を受けもっている私ですら、市販の実験器具に多少の拒絶反応を示すのですから、ましてや小学校　3年生、4年生の中には市販の実験器具を見ただけで、「いやだな」と感じてしまう子どももいると思います。こうした自然事象の観察・実験の入口で嫌いにさせることはありません。先生にとっては、準備に時間がかかるかもしれませんが、先生の手作りの教材や教具を準備することが大切だと強く感じています。

② 板書計画はしっかりと立てていますか。

　理科の授業を行う上で、観察や実験をただやればよいというものではありません。今日の理科の授業ではいったい何を学ぶのか、そのめあてを黒板の左上に「本時の授業タイトル（小単元名など）」をしっかりと授業のはじめに書いておけば、子どにとって、今日の理科の授業の目的が明確になるのです。

　また、小学生の授業では、学習していない漢字を用いることは厳禁です。事前に学習指導要領（国語）で確認をしておく必要があります。また、白のチョークだけでただ書けばよいというものでもありません。子どもには視

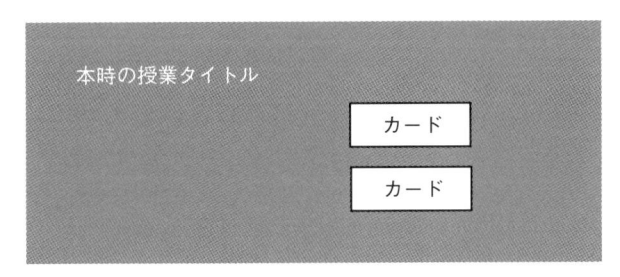

```
┌─────────────────────────────┐
│ 本時の授業タイトル            │
│              ┌──────┐       │
│              │ カード│       │
│              └──────┘       │
│              ┌──────┐       │
│              │ カード│       │
│              └──────┘       │
└─────────────────────────────┘
           黒板
```

覚でしっかりと把握させていくことが重要です。そのためには、多くの色チョークを用いたり、文字や絵を事前に書いておいたカードを用いたりと工夫する必要があります。

　黒板の左側には何を書こうか、貼ろうか、授業のどの時点で書こうか、貼ろうかなどを事前に計画しておくことが必要です。これを板書計画と言います。事前に、授業ノートなどにしっかりと立てておくとよいと思います。

　授業の準備は大変ですが、その分、子どもの「分かった。楽しかった。」など先生にとってすばらしい反応が返ってくることでしょう。

第2章 自然大好きな子どもをはぐくむ学習指導要領に沿った理科授業の工夫

(1) 3年生 A領域の理科授業の工夫
―物と重さ―

授業者：M大学、Nさん

1. **領域名**　　　第3学年　A　物質・エネルギー
2. **単元名**　　　物と重さ
3. **学習指導目標（ねらい）**

   【関心・意欲・態度】
   ・物の重さに関心をもち、積極的に物と重さの関係について調べようとする。
   ・自ら進んで実験に参加することができる。

   【科学的思考】
   ・目的意識をもって、実験を行い、予想を立てたり、考察したりすることができる。
   ・物の重さや体積を調べ、物の性質についての考えをもつことができる。

   【観察・実験の技能・表現】
   ・物の重さを正しく量ることができる。
   ・実験結果を記録として、ワークシートに記入することができる。

   【知識・理解】
   ・物は形が変わっても重さは変わらないことを理解することができる。
   ・物は、体積が同じでも重さは違うことがあることを理解することができる。

4. **観察・実験の内容**

   ① 同じ形（立方体）で重さの違う物の3種類の重さを量る。
   ② 粘土の形を様々な形に変えて重さを量る。

   【使用するもの】立方体3種類（木、発泡スチロール、粘土）、はかり、ワークシート、粘土板（牛乳パックで代用）

5. **授業単元の学習指導計画（全7時間）**

   　第1次　　　私たちの周りにある重い物、軽い物探し・・1時間
   　第2次　　　いろいろな実験をしよう・・・・・・・・・2時間
   　　第1時　水に浮く物、沈む物はどれだろう

第2時　　一番速く転がる物はどれだろう
　　第3次　　　物の重さについて調べよう・・・・・・・・・・・3時間
　　　第1時　　鉄や木などさまざまな素材の物を量ってみよう
　　　第2時　　同じ形の重さと、形が変わった時の重さを調べよう【本時】
　　　第3時　　物の置き方などによって重さは変わるだろうか
　　第4次　　　物と重さについて分かったことをまとめよう・・・1時間

6．本時の学習指導計画
(1) 本時の学習指導目標
・同じ形、大きさの物でも違うものがあることを理解できる。
・形は違うが重さが同じ物があることを理解できる。
(2) 本時の展開

時間	教師の活動	児童の活動	備考（評価など）
0分	はじめ（礼） ・前時の授業を振り返る ・本日の授業のねらいを話す ・ワークシートを配る	はじめ（礼） ・重さは素材や大きさによって様々であることを思い出す	・前時の授業を理解できているか
5分	【実験1】3つの立方体の重さを調べよう		
	・実験の予想を考えさせる ・実験用具を配布する ・秤の使い方を説明する ・1つずつ秤に乗せて重さを量り、ワークシートに記入することを伝える ・その他気づいたことを記入するように伝える ・粘土は形を変えないように注意を促す	・実験の予想を考える ・秤に乗せ、3種類の立方体の重さを調べる ・立方体の1辺の長さを測り、3種類の立方体が同じ形、同じ大きさだということに気づく ・同じ形の物でも、重さが違う物があることを発見する	・実験の予想を考えることができたか ・秤を正しく使用し、重さを量ることができているか ・3種類の立方体の重さが違うことを気づくことができたか

15分	実験1で分かったことを発表しよう		
	・実験結果を班ごとに発表させる ・形が同じでも重さが違うことを説明する	・実験結果を班ごとに発表する ・発表結果から、3種類の重さが違うことに気づく	・形が同じでも重さが違うことを理解することができたか
25分	【実験2】形を変えて調べてみよう		
	・実験の予想を考えさせる ・粘土でできた立方体の形を様々な形に変えて、重さを量るように伝える ・注意事項として、粘土をちぎってはいけないことを伝える	・実験の予想を考える ・班ごとに好きな形にして重さを量る ・形と重さをワークシートに記入する ・形が変わっても重さが変わらない物があることに気づく	・積極的に実験に参加してるか ・形が変わっても重さが変わらないことに気づくことができたか
35分	実験2で分かったことを発表しよう		
	・班ごとにいくつかの形と重さを黒板に書いてもらう ・形は変わっても重さは変わらないことを伝える ・実験1と実験2のまとめをする ・次時の予告をする	・班ごとに実験結果を黒板に書く ・実験結果から形は変わっても重さは変わらない物があることを理解する ・次時の学習内容を知る	 ・形は変わっても重さは変わらない物があることを理解することができたか
45分	終わり（礼）	終わり（礼）	

(1) 3年生 A 領域の理科授業の工夫　13

【使用した材料】

木、発泡スチロール、粘土でできた 1 辺 5cm の直方体 3 つ×班分

【○○市立○○小学校　理科　ワークシート】

ものとおもさ

3年1組＿＿番　なまえ＿＿＿＿＿＿＿＿

じっけん①　おなじ大きさのもののおもさをはかろう

≪よそう≫

≪けっか≫

①木　　　　②ねんど　　　③はっぽうスチロール

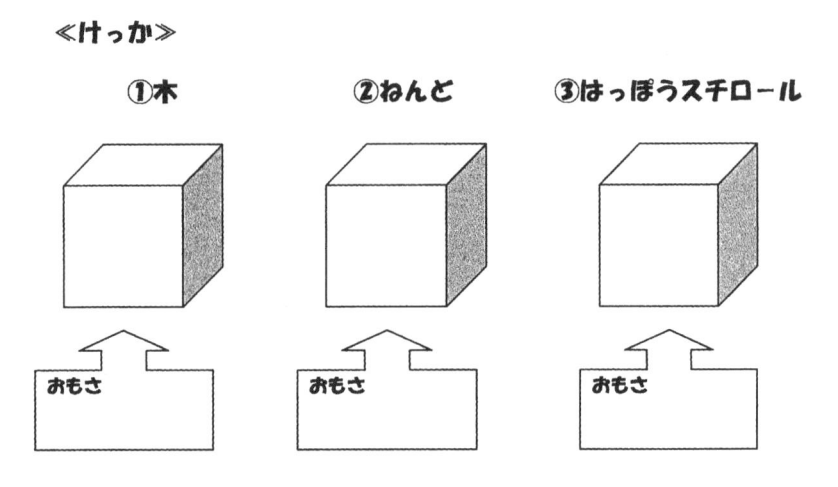

おもさ　　　おもさ　　　　おもさ

≪わかったこと≫
-
-

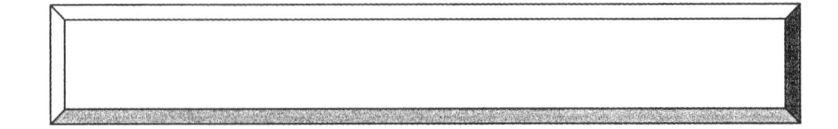

(1) 3年生A領域の理科授業の工夫   15

じっけん② いろいろな形をつくっておもさをはかろう

≪よそう≫

≪作ったかたちとおもさ≫

★作ったかたちの絵をかき、おもさをしらべよう★

≪わかったこと・きづいたこと≫

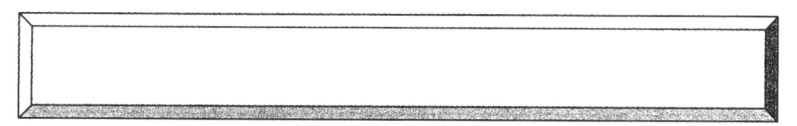

・
・

今日のじっけん（よくできた・できた・あまりできなかった・できなかった）
今日のじゅぎょう
　　（よくわかった・だいたいわかった・あまり分からなかった・わからなかった）

【授業者のリフレクション（振り返り）】

　物と重さは、新学習指導要領の新しい単元なので、教科書などの見本もなかったため、どのような授業にしたらよいかが分からず、準備や指示案の作成が難しかったです。

　新学習指導要領を頼りに、また先生と相談したりして、授業の内容を決めることができましたが、他にもどのような授業計画にしたらよいか分からなかったりといろいろな面で試行錯誤の連続でした。

　この単元を担当して、私自身も、改めて、物の重さについて考えることができ、大きさが同じでも重さが違うものがいろいろあり、また、そのことが不思議だなと思いました。

　私自身も、ただなんとなく分かったような気になっている部分も多かったので、これが小学校の学習指導要領に加わったことで、理科の授業の内容も深いものになると思いました。また子どもの理科の知識も増えて、実験が楽しいものになれば、これから先の中学や高校の物理の分野が好きになるきっかけや、入り口になるのかなと思いました。

　小学校3年生の授業ということで、小学校理科の入り口の部分を担当して、理科が面白いと思うような授業にできたらいいなと考えながら授業を考えることを心がけました。実際に授業をやってみて、児童役の学生の反応など不安な点もあり緊張しましたが、自分自身も授業や児童役の学生とのやりとりを楽しみながら模擬授業を行いました。

　教材は、いろいろな教材の重さの物を量ってほしいと思ったので、木や発泡スチロールを使用しました。また、新学習指導要領に「粘土などをつかって」とあったので、粘土を使い、実験1と実験2の両方で活用できるようにしました。

　また、形が同じであることが実験1の前提なので、1辺の長さが測りやすいことや、どの面も同じ大きさであることを考慮して立方体にしました。面の大きさが違う物（直方体など）については、次の時間の授業内容としてつなげたいと思いました。

【授業の工夫したところ（著者のコメント）】

　この授業のねらいは、物は体積が同じでも重さが違うことがあること、そして物は形が変わっても重さは変わらないことを実験を通して理解することです。

① 　実験の工夫：授業者は、同じ体積をもつ立方体を3種類（木、粘土、発泡スチロール）事前に学習班の分を用意しました。まず、このこと自体がりっぱな授業の工夫点だと思います。次に、実験2の「形を変えて調べてみよう」では、班ごとに粘土でできた立方体の形を好きな形にして重さを調べさせています。この実験では子どもは粘土遊びにも匹敵する面白さを感じていると思います。3年生の段階だからこそ、こうした遊び的な要素を加えていることは、児童の成長もしっかりと意識した授業の工夫点だと思います。

② 　探究の過程の工夫：授業者は、実験1及び実験2において、「予想」→「実験（計測・気づき）」→「発表」と理科の学習としての流れをしっかりと意識して授業を作っています。理科の実験で必要なことは、まず目的を明確にした上で、予想（仮説）を立てさせることです。こうした探究の過程をしっかりと意識して作られているところが大きな授業の工夫点だと言えます。

(2) 3年生B領域の理科授業の工夫
－太陽と地面の様子－

授業者：M大学、Uさん・Yさん

1. **領域名**　　　第3学年　B　生命・地球
2. **単元名**　　　太陽と地面の様子
3. **学習指導目標（ねらい）**

　　　日かげの位置の変化や、日なたと日かげの地面の様子を調べ、太陽と地面の様子との関係についての考えをもつことができる。

　【関心・意欲・態度】
　・太陽と地面の様子について興味・関心をもって追究する活動を行うことができる。

　【科学的思考】
　・太陽と地面の様子について興味・関心をもって追究する活動を行うことができる。
　・日なたと日かげの地面の様子を比較して、それらの違いを考えることができる。

　【観察・実験の技能・表現】
　・手や足で地面に触れるなど体感を通して感じることができる。
　・温度計や遮光板、方位磁針など道具を安全に使うことができる。
　・日なたと日かげの地面の様子を調べ、記録することができる。

　【知識・理解】
　・観察や資料、映像を通して、日かげは太陽の光を遮るとでき、日かげの位置は太陽の動きによって変わることを理解することができる。
　・地面は太陽によって暖められ、日なたと日かげでは地面の暖かさや湿り気に違いがあることを理解することができる。

4. **観察・実験の内容**

　　　かげふみを通して、かげの様子に興味をもち、光とかげの関係について気づくことができる活動を行う。

5. **授業単元の学習指導計画（全12時間）**

　　　第1時　　　かげふみを通して、太陽（光）とかげについて興味をもと

う【本時】
第2・3時　日なたと日かげの地面の様子を調べよう
第4・5時　温度計の使い方を知り、温度計を使って日なたと日かげの地面の暖かさを比べよう（温度計を用いた観察）
第6・7時　かげの向きと太陽の位置の関係性について知ろう（遮光板を用いた観察）
第8時　太陽とかげの向きを調べて、太陽の動きを知ろう（方位磁針を用いた観察）
第9・10時　鏡ではね返した太陽の明るさや暖かさを調べよう（鏡を用いた実験）
第11時　鏡の数を増やすと明るさや暖かさにどのような変化や違いがあるのか調べよう（鏡を用いた実験）
第12時　身近にある日光を利用しているものを知り、生活を振り返る（まとめ）

6．本時の学習指導計画（その1、晴れの場合）

(1) 本時の学習指導目標
・かげふみを通して太陽とかげの様子に興味をもち、活動することができる。
・太陽とかげの関係について気づくことができる。

(2) 本時の展開

時間	教師の活動	児童の活動	備考（評価など）
0分	はじめ（礼） ・新しい学習単元に入ることを伝え、本日の授業のねらいを話す ・かげに関するクイズを出す ・実際に校庭に出てかげふみをすることを伝える ・校庭に出る際の注意事項を伝え、班ごとに整列させ校庭に誘導する	はじめ（礼） ・本日の授業のねらいを知る ・クイズに意欲的に答える ・校庭に出てかげふみをすることを聞く ・注意事項を理解し、校庭に移動する	・クイズに興味をもって意欲的に答えているか

時間	教師の活動	児童の活動	備考（評価など）
10分	【活動】かげふみをしよう！		
	・自分のかげを見つけるように伝える ・かげふみのルールを伝える ・鬼役の児童にたすきを配る ・全体のかげふみの様子を把握し、安全の確保に努める ・時間になったら児童を集め、整列させて教室に戻る	・自分のかげを見つける ・かげふみのルールを知る ・鬼役の児童はたすきを受け取る ・かげふみの活動を行う ・どのような場所にかげができるか知る ・班ごとに整列し、教室に戻る	・かげふみのルールを聞いているか ・興味をもって活動することができているか
30分	【まとめ】かげができる理由を考えよう		
	・かげがどうしてできるのか考えさせる ・班ごとに考えを発表させる ・ワークシートを配る ・かげのできる理由を説明する ・本時の活動のまとめをする ・次時の予告をする	・かげができる理由を考える ・班ごとに考えを発表する ・ワークシートを受け取る ・かげができる理由を知る ・本時の活動のまとめを聞く ・次時の学習内容を知る	・かげができる理由を班ごとに考えているか ・光と物とかげとの関係からかげ絵のできる理由が理解できたか
45分	終わり（礼）	終わり（礼）	

7. 本時の学習指導計画（その2、雨の場合）

(1) 本時の学習指導目標

・かげ絵を通してかげの様子に興味をもち、活動することができる。
・光とかげの関係について気づくことができる。

(2) 本時の展開

時間	教師の活動	児童の活動	備考（評価など）
0分	はじめ（礼） ・新しい学習単元に入ることを伝え、本日の授業のねらいを話す	はじめ（礼） ・本日の授業のねらいを知る	

	・かげに関するクイズを出す ・かげ絵をすることを伝える	・クイズに意欲的に答える ・かげ絵をすることを聞く	・クイズに興味をもって意欲的に答えているか
5分	【活動】かげ絵をしよう！		
	・かげ絵を用いたクイズを行う ・班ごとに分かれ、独創的なかげ絵を作るように指示する ・机間指導を行う ・班ごとに考え作成した独創的なかげ絵を発表させる ・全体のかげふみの様子を把握し、安全の確保に努める	・クイズに積極的に答える ・班ごとに独創的なかげ絵を作る ・班ごとに考え作成した独創的なかげ絵を発表する ・他の班のかげ絵が何であるか考えて見る	・班の中で協力してかげ絵作りを行っているか ・他の班の発表をしっかりと見ているか
30分	【まとめ】かげ絵ができる理由を考えよう		
	・かげ絵ができる理由を考えさせる ・班ごとに考えを発表させる ・ワークシートを配る ・かげ絵のできる理由を説明する ・本時の活動のまとめをする ・次時の予告をする	・かげ絵ができる理由を考える ・班ごとに考えを発表する ・ワークシートを受け取る ・かげ絵ができる理由を知る ・本時の活動のまとめを聞く ・次時の学習内容を知る	・かげ絵ができる理由を班ごとに考えているか ・光と物とかげとの関係からかげ絵のできる理由が理解できたか
45分	終わり（礼）	終わり（礼）	

22　第2章　自然大好きな子どもをはぐくむ学習指導要領に沿った理科授業の工夫

【〇〇市立〇〇小学校　理科　ワークシート】

これが かげだ!!

＿＿組　名前＿＿＿＿＿＿＿

○外でできる かげについて、考えてみよう。

☆かげ絵☆

手に光が当たると、その形の かげが できるんだ。

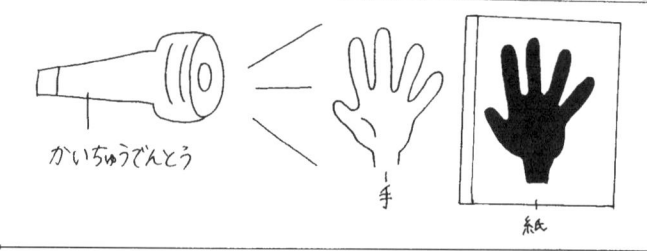

かいちゅうでんとう／手／紙

☆外☆

かいちゅうでんとうの光の はたらきを（　　　）が しているんだ。

これから、もっと かげについて、べんきょう していこう!!

(2) 3年生B領域の理科授業の工夫　23

【授業者のリフレクション（振り返り）】

　今回は、単元が「太陽と地面の様子」というもので、梅雨の時期ということもあり外での活動ができなかった時のことも想定し、計画を立てたので本当に大変だった。実際、天気があまりよくなかったので、計画をしておいたように、教室でかげ絵を班ごとに作らせ、発表をさせるという活動を行ったが、臨機応変に対応をし展開することができたと感じる。また、2回目の模擬授業であったため、緊張することなく進めることができたと思う。教師2人の兼ね合いは、以前のティーム・ティーチングでの模擬授業の経験を生かし、それぞれの役割がはっきり区別できるように学習指導計画を立てた。

　単元の導入で、このような遊び的な活動を行うことによって、今後の子どもたちの授業に対する興味を引きつけ、子どもが意欲的に授業に参加できるのではないかと思った。必ずしも、授業だからといってすぐに教科書通りに進めるのではなく、その単元に関係する遊びを取り入れ行うことは、子どもたちにとって楽しいと思えることだと感じた。その楽しいと思えることは授業を行う際、肝心なことだと思う。

　かげ絵と聞くと、子どもたちは「きつね」や「かに」などよく知られているもののイメージが強くなり、そのことに捉われてしまうのかと思っていたが、各班ごとに物語になっていたり、考えもつかないようなかげ絵を作っていたりと個性が出ている、とても面白いものであったと思う。また、授業の導入の部分で、教師がいくつかかげ絵を用いたクイズを出したが、かげを使ってこのような絵ができるのかとひきつけることができたのではないかと感じる。普段は明るい教室を暗くし活動するので、そのことだけでも子どもたちの気持ちは高まったのではないかと思った。

　外で行う活動が天候などのため、急遽変更になった時に教師は、常に先のことを考えて授業展開を行わなければいけないのだと今回改めて感じた。今回の模擬授業を通し、そのことを実感することができたと思う。準備は大変だったが、1時間1時間の授業を大切にしていきたいと感じた。

【授業の工夫したところ（著者のコメント）】

　この授業は、「太陽と地面の様子」の単元の導入として位置づけられています。また、本時の授業のねらいは、かげふみを通して、太陽とかげについて興味をもたせ、光とかげの関係について気づかせることです。

① 　授業計画の工夫；現在の公立小学校の多くは1学年1学級であったり、2学級であったりと学級数が少ない状況にあります。その意味で、同じ学年を一緒にした理科の合同学習（教員にとってはティーム・ティーチング）は、よくある場面です。次にこの学習単元はどうしても晴れの日に校庭や屋上に出て子どもたちに実験をさせます。しかし、授業予定日が晴れの日ばかりとは限りません。その意味で、2人の授業者は本時の授業計画を「晴れの場合」と「雨の場合」の両方を準備したことがりっぱな授業の工夫点だと思います。

② 　学習の工夫；「晴れの場合」の授業ではかげふみの遊びから、また「雨の場合」の授業ではかげ絵の遊びから、光とかげの関係について気づかせようとしています。3年生の段階だからこそ、こうした遊び的な要素を加えていることは、児童の成長もしっかりと意識した授業の工夫点だと思います。

(3) 4年生 A 領域の理科授業の工夫
—空気と水の性質—

授業者：M 大学、K さん

1. **領域名**　　　第4学年　A　物質・エネルギー
2. **単元名**　　　空気と水の性質
3. **学習指導目標（ねらい）**

　　閉じ込めた空気及び水に力を加え、そのかさや圧し返す力の変化を調べ、空気及び水の性質についての考えをもつことができるようにする。
　ア）閉じ込めた空気を圧すと、かさは小さくなるが、圧し返す力は大きくなること。
　イ）閉じ込めた空気は圧し縮められるが、水は圧し縮められないこと。

【関心・意欲・態度】
・容器に閉じ込められた空気や水の性質の違いを、進んで調べようとする。

【科学的思考】
・空気でっぽうやロケットなどで遊ぶ活動を通して、中の空気の存在や、空気と水の性質の違いについて予想することができる。

【観察・実験の技能・表現】
・閉じ込めた空気を圧し縮め、空気のかさや手ごたえの変化を比較しながら調べることができる。

【知識・理解】
・空気は身の回りをはじめ、ホースやストロー、スポンジの中など、様々なところに存在することを理解することができる。

4. **観察・実験の内容**

【使用する物】大きさの違うビニール袋、ワークシート
① いろいろな大きさのビニール袋で空気を捕まえてみる。
② 細長いかさ袋に空気をいっぱい入れて口を固く結ぶ。
　　片方の手でかさ袋を持ち、もう一方の手を袋の端に押し込んでから袋を持っていた手を離す。すると・・・袋が勢いよく飛ぶ。

5. 授業単元の学習指導計画 （全9時間）

第1次　　空気の性質を知ろう
　第1時　　空気を集めて遊ぼう、空気には力があるのかな【本時】
　第2・3時　空気の性質を確かめていこう（注射器・マヨネーズ容器・ペットボトル・ボールなどを用いて調べていく）

第2次　　空気と水の性質の違いを知ろう
　第1時　　水に力を加えるとどうなるかな（ピストンとゴム版を用いての実験）
　第2～4時　空気でっぽうを作って玉を飛ばしてみよう（筒の中の様子、空気や水のかさの大きさと圧し返す力の関係について学んでいく）

第3次　　空気と水の性質についての認識をさらに深めよう
　第1・2時　空気と水の性質を使ってペットボトルロケットを作り、飛ばしてみよう

6. 本時の学習指導計画

(1) 本時の学習指導目標
・ビニール袋を使って自由に遊ぶことから、空気の存在を意識することができる。
・空気の力について疑問をもつことができる。

(2) 本時の展開

時間	教師の活動	児童の活動	備考（評価など）
0分	はじめ（礼） ・空気とはどのようなものか、形、大きさなどを考えさせる ・空気を捕まえられるのか考えさせる ・実際に空気を捕まえて遊んでみることを伝える	はじめ（礼） ・空気の形、大きさなどを考える ・空気を捕まえることができる、できないについての意見を出し合う	・児童にとって当たり前の存在であろう空気について興味をもつような発問を工夫する

10分	いろいろなビニール袋で空気を捕まえてみよう		
	・いろいろなビニール袋を提示し、自分で好きな袋を選び捕まえさせる	・各自の好きなビニール袋を選び、空気を入れて遊ぶ ・ボールに見立てて遊ぶ児童もいる	・安全面などから、校庭や体育館などの広い場所で行うことが必要である
15分	かさ袋を使ったおもちゃを作り、飛ばして遊んでみよう		
	・かさ袋に空気をいっぱいに集めて縛り、かさ袋を飛ばしてみる ・かさ袋を使ったおもちゃを作り、飛ばして遊んでみようと指示する ・机間指導	・先生のかさ袋のおもちゃを見て、自分も作って飛ばしたいと思う ・かさ袋を使ったおもちゃを作り、遠くに飛ばして遊ぶ	・かさ袋を使ったおもちゃに興味をもったか ・全体を把握し、安全性の確保に努める
30分	空気で遊んだことから、分かったことや気づいたことを話し合ってみよう		
	・ワークシートを配付し、空気で遊んだことから、分かったことや気づいたことを記入させる ・児童の考えを発表させる ・空気には力があるのか話し合わせる ・空気は元に戻ろうとする力があることを説明する ・次時の予告をする	・ワークシートに、空気で遊んだことから、分かったことや気づいたことを記入する ・全体に発表する ・空気には力があるのかないのか、意見を出し合う ・空気は元に戻ろうとする力があることを理解する ・次時の学習内容を知る	・ワークシートに、分かったことや気づいたことが記入できているか ・空気は元に戻ろうとする力があることを理解できたか
45分	終わり（礼）	終わり（礼）	

【○○市立○○小学校　理科　ワークシート】

〈空気と水の性質〉

ビニール袋で空気をつかまえてみよう　　いろいろ遊んでみよう！

実験1. いろいろな大きさのビニール袋で空気をつかまえてみる。

実験2. 細長いカサ袋に空気をいっぱい入れて、口を固く結ぶ。
片方の手でカサ袋を持ち、もう一方の手を袋の端に押しこんでから袋を持っていた手を放すと…袋が勢いよく飛ぶ！！

ビニール袋を使って空気で遊んでみて、わかったこと・気づいたこと思ったことを書き出してみよう。

-
-

お友達の意見も書いておこう。

☆memo☆

(3) 4年生A領域の理科授業の工夫

月　日（　）　　　年　組　名前

カサ袋はなぜ飛んだのかな？
予想を立ててみよう。

カサ袋を遠くに飛ばすために
あなたが行った一工夫とは？？書いてみよう。

【授業者のリフレクション（振り返り）】

　ワークシートも発問も、子どもたちへの質問の仕方が難しかったように思います。どう答えたらよいかと惑わせてしまったようです。自分の予想に反して、子どもたちからは偏った意見しか出ませんでした。特に、「かさ袋はなぜ飛んだのか」という発問に対しては、「手で押したから」という意見が多数でした。私は、風の力があったから、圧されて縮んだ中の空気が元に戻ろうとする力が働いたから、などの意見も出るのではと予想していました。これらを踏まえて考えると、一人ひとりの意見を出し合わなくてもよかった気もします。自分の意見があっているのか違っているのかなど、もっと子どもたちの中で自分の考えを議論しあえるような時間を作るべきであったと思いました。

　かさ袋を膨らませるときは息で膨らませるのではなく、自分で工夫して空気を集めてみようと声かけをするべきでした。空気と自分の息が同じであることや、二酸化炭素や窒素の成分についてなど、ここでは触れなくてもよい、いろいろなことが出てきてしまうからです。空気を集めるからこそ、空気の性質を知ることにつながるのだと思いました。

　思っていたよりも授業が発展させられなくて短い時間で授業を終えることになったので、最後にかさ袋がなぜ飛んだか、そこにはどんな力が働いていたのか、図を用いて説明するべきであったと思いました。その授業で行った実験の知識を子どもたちに教えておいた方が、子どもたちも理解しやすかったのではないかと思いました。

　ワークシートは、実験の内容を書いておく、友達の意見も書くように示しておく、かさ袋を飛ばすために自分が工夫したことを書けるスペースを作っておくことなどを改善すればもっとよいものになるのではと思いました。

【授業の工夫したところ（著者のコメント）】

　この授業は、「空気と水の性質」単元の中の第1次「空気の性質を知ろう」の導入として位置づけられています。また、本時の授業のねらいは、遊び的な実験を通して、空気の存在を意識でき空気の力について疑問をもたせることです。

① 実験の工夫：授業者は、空気の存在を子どもに意識させるために、まずいろいろな大きさのビニール袋で空気を捕まえさせるという遊びを取り入れています。その上で、かさ袋に空気を入れて膨らませ、袋の底に手を入れて空気を圧縮させ、袋内の空気が元の体積に戻ろうとする際の力を使ってより遠くに飛ばすという実験を工夫しています。この学習では「空気でっぽう」がよく使われますが、かさ袋という子どもたちの生活の中で見て、使われている身近な素材を用いて実験にしたことは授業の工夫点だと思います。

② 授業上の留意点：子どもはこの実験を行う際、かさ袋をより遠くに飛ばすにはどうすればよいのかと「予想（仮説）」を立てさせるとよいかと思います。その上で、自分の考えた方法ではどのくらい飛んだのか、他の方法ではどのくらい飛んだのかとワークシートに記録させることも必要かと思います。これらの過程を踏まえて、空気がより圧縮された袋の方が遠くに飛ぶという事実に気づかせるとよいかと思います。

(4) 4年生B領域の理科授業の工夫
　　　ー月と星ー

授業者：M大学、Kさん

1. **領域名**　　　第4学年　B　生命・地球
2. **単元名**　　　月と星
3. **学習指導目標（ねらい）**

　　月や星を観察し、月の位置と星の明るさや色及び位置を調べ、月や星の特徴や動きについての考えをもつことができる。

　【関心・意欲・態度】
・月や星の位置の変化や星の明るさや色に興味・関心をもち、進んでそれらの特徴や決まりを調べようとする。

　【科学的思考】
・月や星の位置の変化と時間を関係づけて考えることができる。
・月や星の時間による位置の違いを調べ、それらの動きを予想することができる。

　【観察・実験の技能・表現】
・必要な道具を適切に操作し、月や星を観察することができる。
・地上の目印や方位などを使って月や星の位置を調べ、記録することができる。

　【知識・理解】
・月は日によって形が変わって見え、1日のうちでも時刻によって位置が変わることが理解できる。
・空には、明るさや色の違いがあることが理解できる。
・星の集まりは、1日のうちでも時刻によって、並び方は変わることが理解できる。

4. **観察・実験の内容**

　　ボールを使った実験で月の形の変化を調べる。
　　【教具】ボール、懐中電灯、いす、ワークシート

5. **授業単元の学習指導計画（全11時間）**

　　第1次　　　月の動き

第1時　　月はどのように動いているのか
第2時　　昼間見える月の動き
第3時　　半月と満月の動き
第4時　　月の形はどうして変わるのか【本時】
第5時　　月の動きのまとめ
第2次　　星と星座
第1時　　星座をつくってみよう
第2・3時　星座早見盤を使って星座の動きを調べよう
第4・5時　星座や星について調べよう
第6時　　空全体の動きをまとめよう

6. 本時の学習指導計画

(1) 本時の学習指導目標
・月は球形で太陽に照らされて光っていること、地球上の自分たちから見て光を受けている面が変わることから、月の形が変化していくように見えることを捉えることができる。
・ボールを使った実験で月の形の変化を説明できることに興味をもち、意欲をもって調べることができる。

(2) 本時の展開

時間	教師の活動	児童の活動	備考（評価など）
0分	はじめ（礼） ・色々な形をした月の写真を見せ、本日の授業のねらいを伝える	はじめ（礼） ・色々な形をした月の写真を見る	・色々な形の月を見たことがあるか
5分	色々な形をしているが、月は球形で一つの星なんだ		
	・月は日によって形が変わる原因は何故だと思うか、班で話し合わせる ・話し合いの結果を発表させる	・月は日によって形が変わる原因を班で話し合う ・班の考えを発表する 　○雲でかくれてしまうから 　○光が当たっていないから	・班で話し合いができているか ・他の班の発表を聞いているか

	・月の形の変化には太陽の光が関係していることを説明する	・月の形の変化には太陽の光が関係していることを知る	
15分	【実験】ボールを使って月の形が変化することを調べてみよう		
	・スポットライトを太陽に、ボールを月に見立てた実験について説明する	・スポットライトとボールの関係を理解する	・スポットライト、ボール、自分たちが何の代わりかを理解できているか
	・児童を教室(体育館)の中央に小さく集め、地球から観測していることを説明する	・教室(体育館)の中央に小さく集まり、地球から観測していることを理解する	
	・スポットライトから光を当てた状態でボールを持って児童の周りをゆっくり周り、形の変化に気づかせる	・ボールの見え方をよく観察し、形の変化に気づく	・教室(体育館)は暗くする ・形の変化が見やすい場所では止まってしっかりと児童に観察させる
	・ワークシートにボールの見え方を記録させる	・ワークシートにボールの見え方を記録する	
35分	月は太陽からの光を受ける面が変わるので形も変化していくことを知る		
	・黒板に貼ってある様々な形をした月の絵を並べ替えさせる	・黒板に貼ってある様々な形をした月の絵を、班で相談し並べ替える	・月は太陽と地球との位置関係で、様々な形に変化して見えることが理解できたか
	・実験から分かったことをまとめさせる	・実験から分かったことをまとめる	
	・次時の予告をする	・次時の学習内容を知る	
45分	終わり(礼)	終わり(礼)	

(4) 4年生B領域の理科授業の工夫　35

【○○市立○○小学校　理科　ワークシート】

月と星

名前＿＿＿＿＿＿＿＿＿＿

○月の形はどうして変わるのか？

・太陽と月と地球の位置を考えて月の形をかいてみよう

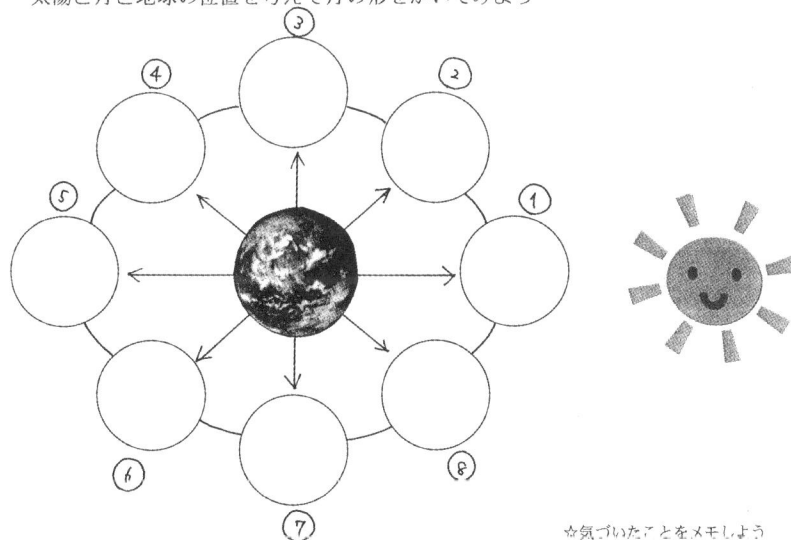

☆気づいたことをメモしよう

・自分から見えた月の形をかいてみよう

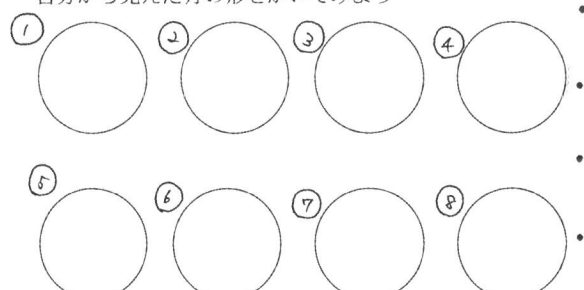

月の形の変化のまとめ

○月の形は？

○月の形の実験結果

月の名前

①
②
③
⑤
⑦

○月の形はどうして変わるのか？

【授業者のリフレクション（振り返り）】

　今回の模擬授業を通して改めて、45 分の授業を進めていくのは難しいと思いました。自分で考えていたよりも今回の実験は難しかったように思います。また、児童に内容を理解してもらうことも、月の形をワークシートにまとめていくことも困難であると感じました。児童が興味をもっている単元ではあるが、他の単元に比べて「月や星」は身近なものでなく、実感しがたいという点も分かりました。色々な形の月があるが１つしかないこと、月は球形であること、月の形には光が関係してることを学ぶのには時間がかかると思いました。また、授業の中で何度か教師が児童に対して発問し授業を進めていきますが、教師の期待する答えや反応が返ってこないのもこの単元の難しさであると感じました。児童にとって月は実存するものではなく、空想のものであると思いました。そのため形や位置関係を理解しがたいのだと思いました。教師が児童に対して発問するにあたっては、よく言葉を選んで授業を導き、応えが返ってくるような発問をする配慮が必要だと思いました。また、児童にとってこの単元が空想のもので終わってしまわないように、分かりやすい言葉を使って説明し、教材・教具も研究する必要があると思いました。さらに、児童にとって実験結果を平面のワークシートにまとめることがとても難しいことなのだと感じたので、ワークシートにも工夫が必要であると思いました。

　今回、月と星という単元を選び模擬授業を行いましたが、本当に難しかったです。私自身「月と星」が好きだったからこの単元を選びましたが、私も児童と一緒であまり「月や星」に対して「存在するもの」という実感がありません。小・中・高と「月や星」について学んできて、それぞれの知識はあります。しかし、あまりにも「月や星」が私たちにとって離れすぎていて現実味がないのも確かです。知識と実物が結びつかないため、この単元が空想で終わってしまうのだと思います。そのため、教師はこの単元を教えるのは難しく、教科書どおりの授業になってしまうのだと思います。この単元を教えるにあたって、少しでも知識と実物が結びつくようにし、月の形や月の動きが予想できるような授業を進めていく必要があると思いました。児童が興味をもっている単元なのであるから、もっと楽しい授業構成や実験を考え、

行いたいと思いました。

【授業の工夫したところ（著者のコメント）】

　この授業のねらいは、月の観察を通して月の形の変化に気づかせ、その原因について実験を通して理解することです。

① 実験の工夫：授業者は、月の形の変化がなぜ起こるのか、ボールを月に見立てての実験を工夫しています。この実験はボールは大きいほど子どもには分かりやすくなります。できれば運動会で用いる大玉が使えるとよいと思います。つまり、暗幕のある広い体育館などで行い、スポットライトを太陽の変わりにできると効果があります。子どもたちは地球の位置に座らせ、月のボールを公転させます。授業者作成のワークシートでは、地球の位置から45度程度の位置ごとに月の形を記録させていくようになっています。これも子どもには月の違った形を捉えやすくした工夫点だと思います。

② 授業上の留意点：月や星の単元は、授業時間内に直接観察をするということが困難な学習です。そこで、子どもの自宅での観察を宿題にするということが多くなるかと思います。授業者は、自宅での夜（同じ時刻で約1か月間）の月の形の変化を観察しやすくするためのワークシートの工夫と保護者への協力を要請することが必要だと思います。理科の学習ではやはり実物を見ることが重要だと思います。

（5）－1　5年生A領域の理科授業の工夫
―振り子の運動（事例1）―

授業者：M大学、Fさん

1. **領域名**　　　第5学年　A　物質・エネルギー
2. **単元名**　　　振り子の運動
3. **学習指導目標（ねらい）**

おもりを使い、おもりの重さや糸の長さなどを変えて振り子の動く様子を調べ、振り子運動の規則性についての考えをもつことができるようにする。

【関心・意欲・態度】
・振り子の運動の規則性について、自分の予想をたて、検証しようとする。

【科学的思考】
・振り子が1往復する時間の違いを、おもりの重さ、振れ幅、糸の長さと関係づけながら考え、予想を立てたり、結果を考察したりし、振り子が1往復する時間の規則性について考えることができる。

【観察・実験の技能・表現】
・振り子の規則性を調べる工夫をし、安全で計画的に実験やものづくりをすることができる。
・回数を重ねて実験をし、振り子の規則性を調べ、定量的に記録し、実験結果の数値を表やグラフに表すなど実験結果の数値を適切に処理することができる。

【知識・理解】
・振り子が1往復する時間は、おもりの重さ、振れ幅には関係なく、糸の長さによって変わることが理解できる。

4. **観察・実験の内容**

【使用する物】ストップウォッチ、ペットボトル、割り箸、糸、おもり
実験①：振れ幅を変えて、振り子が1往復する時間を調べる
実験②：おもりの数を変えて、振り子が1往復する時間を調べる
　　　　※振れ幅、糸の長さは変えない。
実験③：糸の長さを変えて、振り子が1往復する時間を調べる

※振れ幅、おもりの重さは変えない。

5. 授業単元の学習指導計画（全4時間）

第1時　身近で振り子を使っている物はなんだろう
　　　　ターザンロープで振り子の動きを体感！

第2時　振り子が1往復する時間にはどのようなきまりがあるのか考えてみよう
　　　　実験①振れ幅を変えて、振り子が1往復する時間を調べる

第3時　実験②おもりの重さを変えて、振り子が1往復する時間を調べる
　　　　実験③糸の長さを変えて、振り子が1往復する時間を調べる【本時】

第4時　振り子の性質を使ったおもちゃを作ろう

6. 本時の学習指導計画

(1) 本時の学習指導目標

・自分の立てた予想に基づき実験を行い、その結果から考察することにより、振り子の規則性を理解することができる。

(2) 本時の展開

時間	教師の活動	児童の活動	備考（評価など）
0分	はじめ（礼）	はじめ（礼）	
	前時の実験①の結果を振り返り、本時の実験について知ろう		
	・振れ幅を変えた場合の実験結果を問う ・本時はおもりの重さを変えて行う実験と、糸の長さを変えて行う実験の2つを行うことを説明する	・前時の実験結果を、ワークシートを参考にしながら振り返る ・ワークシートに記入した自分の予想を見る ・実験計画表を見て、本時の流れを把握する	・前時の実験結果を振り返ることができているか
5分	実験②　おもりの重さを変えて、振り子の1往復する時間を調べよう		
	・実験道具を配り、おもりを変える際の注意点を伝え、実験開始後は机間指導を行う	・実際の実験道具を見ながら、注意点を聞く ・振り子を振る練習を2・3回行ってから実験をはじめる	・適切に計測ができているか

	・各班の実験結果を発表させおもりの重さを変えた場合の変化についてまとめる	・実験結果をワークシートに記入し、実験結果の発表から各班の共通点を見つける	・実験結果を適切に表に記入できているか
20分	実験③　糸の長さを変えて、振り子の1往復する時間を調べよう		
	・糸の長さを変える際の注意点を伝え、机間指導を行う ・各班の実験結果から、糸の長さを変えた場合の変化についてまとめる	・糸の長さを変えて実験を行う ・実験結果をワークシートに記入し、実験結果の発表から各班の共通点を見つける	・適切に計測ができているか ・実験結果を基に規則性を見つけることができているか
35分	実験①～③のまとめをして、振り子運動のきまりを考えよう		
	・前時の実験①の結果も併せて、実験結果をまとめさせる ・次時の予告をする	・3つの実験から分かったことをワークシートに記入する ・次時の学習内容を知る	
45分	終わり（礼）	終わり（礼）	

資料
【実験①～③までのねらい】

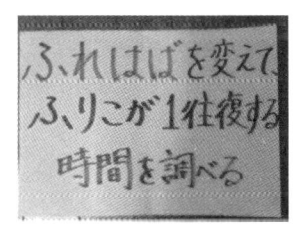

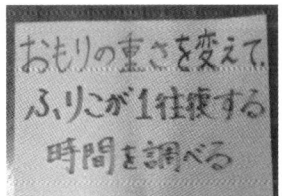

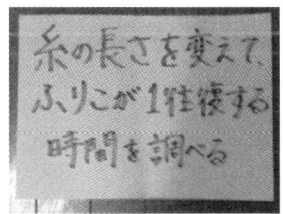

ふれはばを変えてふりこが1往復する時間を調べる

おもりの重さを変えて、ふりこが1往復する時間を調べる

糸の長さを変えて、ふりこが1往復する時間を調べる

42　第2章　自然大好きな子どもをはぐくむ学習指導要領に沿った理科授業の工夫

【実験道具】

【○○市立○○小学校　理科　ワークシート】

ふりこの運動

名前

①ふりこが１往復する時間は、何に関係しているのだろう？
予想をたててみよう！
（短くなる、変わらない、長くなる）の中から１つ○をつけよう。

ふれはばを小さくすると、１往復する時間は（短くなる・変わらない・長くなる）。
ふれはばを大きくすると、１往復する時間は（短くなる・変わらない・長くなる）。

おもりの重さを軽くすると、１往復する時間は（短くなる・変わらない・長くなる）。
おもりの重さを重くすると、１往復する時間は（短くなる・変わらない・長くなる）。

糸の長さを短くすると、１往復する時間は（短くなる・変わらない・長くなる）。
糸の長さを長くすると、１往復する時間は（短くなる・変わらない・長くなる）。

②実験計画をたてよう！

実験１：＿＿＿＿＿＿＿＿＿を変えて、ふりこの１往復する時間を調べる。

実験２：＿＿＿＿＿＿＿＿＿を変えて、ふりこの１往復する時間を調べる。

実験３：＿＿＿＿＿＿＿＿＿を変えて、ふりこの１往復する時間を調べる。

実験の手順
①．ふりこが10往復する時間をストップウォッチではかり、表に書き込む。
②．①ではかった時間を10で割り、1往復の平均時間を求め、表に書き込む。
③．①と②を3回行う。
④．3回の実験から、1往復の時間の平均を求め、表に書き込む。

※平均時間の求め方　$\dfrac{1回目の値＋2回目の値＋3回目の値}{3（実験回数）}$

※おもりを、実験器具に対し平行にふるには・・・
　分度器が水平になっているか確認する。
　ふれはばを確認する人と、おもりをふる人と分かれる。ふれはばを見る人は、分度器の真正面に立ち、おもりをふる人は実験器具に対し、垂直の位置に立つ。

実験結果①

| ふりこが1往復する時間は、　　　　　　に関係しているか。 |

変える条件：＿＿＿＿＿＿＿＿＿＿＿
同じにする条件：＿＿＿＿＿＿＿＿＿　＿＿＿＿＿＿＿＿＿

（1）＿＿＿＿＿が＿＿＿＿＿の場合

	1回目	2回目	3回目	平均
10往復の時間				
1往復の（平均）時間				

（2）＿＿＿＿＿が＿＿＿＿＿の場合

	1回目	2回目	3回目	平均
10往復の時間				
1往復の（平均）時間				

ふりこの運動

名前

実験結果②

ふりこが1往復する時間は、＿＿＿＿＿＿に関係しているか。

変える条件：＿＿＿＿＿＿＿＿＿＿
同じにする条件：＿＿＿＿＿＿＿＿＿＿　＿＿＿＿＿＿＿＿＿＿

（1）＿＿＿＿が＿＿＿＿の場合

	1回目	2回目	3回目	平均
10往復の時間				
1往復の(平均)時間				

（2）＿＿＿＿が＿＿＿＿の場合

	1回目	2回目	3回目	平均
10往復の時間				
1往復の(平均)時間				

実験結果③

| ふりこが1往復する時間は、　　　　　　　　に関係しているか。 |

変える条件：＿＿＿＿＿＿＿＿＿＿＿＿＿
同じにする条件：＿＿＿＿＿＿＿＿＿＿　　＿＿＿＿＿＿＿＿＿＿

（1）＿＿＿＿＿が＿＿＿＿の場合

	1回目	2回目	3回目	平均
10往復の時間				
1往復の(平均)時間				

（2）＿＿＿＿＿が＿＿＿＿の場合

	1回目	2回目	3回目	平均
10往復の時間				
1往復の(平均)時間				

実験結果から分かったことをまとめよう！

授業のふり返りをしよう！
○をつけよう
・実験①
　内容は（分かった・分からなかった）
　実験は（がんばった・もう少し）
・実験②
　内容は（分かった・分からなかった）
　実験は（がんばった・もう少し）
・実験③
　内容は（分かった・分からなかった）
　実験は（がんばった・もう少し）

【授業者のリフレクション（振り返り）】

　今回の模擬授業は、実験道具をどう作り、実験をどう行うかということから考え始めました。実験道具を作成し失敗するということを繰り返し、最終的に安定した実験結果が得られた写真の実験道具で行うことを決めました。

　実際の小学校に置いてある実験道具でも同様ですが、角度を一定に保ちながらおもりを実験器具に対して平行に振るのは、小学生にとっては難しいことです。小学生役とはいえ、平行に振ろうとしても斜めに振れてしまっている場面がありました。そのため、平行に振る時のコツをより分かりやすく伝え、プリントにも書き込み、さらに宮下先生にアドバイスいただいたように、実験前におもりを振る練習をする時間を設ければよかったと感じました。また、児童がストップウォッチをタイミングよく上手く押せない場合を考え、今回設定した糸の長さよりさらに長くし、振り子が1往復する時間を長くすれば、測定時の誤差が小さくなり、各班の実験結果も同じになってくるということが分かりました。しかし、糸を長くする場合は、今回の実験時より、より多くの物（例えば、机の角など）に引っかかる可能性がでてきたり、支柱をより重くしなくてはならなくなったりするため、実験道具自体の見直しをしなくてはいけません。このように、自分で行う事前準備だけでなく、他の人の視点もある中で実際に実験をすることで初めて気がつくことの多さを感じました。

　宮下先生のアドバイスから、実験結果をグラフにし、算数の勉強ともつなげることができるという展開方法も知りました。教科ごとに単体で考えるのではなく、教科をつなげて教えていくことで、学びが広がっていくことの面白さも児童は感じられると思います。この点も考えながら、今後学習指導を考えていきたいと思います。

【授業の工夫したところ（著者のコメント）】

　この授業のねらいは、振り子が1往復する時間が、おもりの重さや触れ幅に関係なく、糸の長さによって変わることを実験を通して理解することです。

① 　実験の工夫：授業者は、振り子の実験をさせる器具を、子どもの身近にあるペットボトル、割り箸、そしておもりとしてフィルムケースを用い、事前に学習班の分を用意しました。まず、このこと自体がりっぱな授業の工夫点だと思います。手作りの器具のために、実験結果に誤差が生じることも十分に考えられますが、子どもたちに振り子の規則性を捉えさせるには何ら問題はないと考えます。それ以上に、子どもにとってなじみある物を用いた実験に興味をもって取り組みやすいものと考えます。

② 　ワークシートの工夫：授業者が作成した実験用のワークシートは、学習の流れなどから標準的なものと言えます。ただし、ワークシートの最後に、「授業の振り返りをしよう！」という項目を設けています。ここが授業者の大きな工夫点だと思います。子ども自体、本時の授業（実験）のねらいが分かっていたのか、実験はうまくできたのか、考察はどうだったのか、そして、実験や考察など意欲をもって取り組んだのかなど、自己評価をさせている点は、理科のみならず、どの教科のワークシートでも活用できるものです。先生は実験結果や考察だけを評価するのではなく、子どもの自己評価も十分に授業自体の評価として受け入れていく必要があると思います。

(5)—2　5年生A領域の理科授業の工夫
　　　　　—振り子の運動（事例2）—

　　　　　　　　　　　　　　　　　　　授業者：M大学、Aさん・Hさん

1. **領域名**　　　　第5学年　A　物質・エネルギー
2. **単元名**　　　　振り子の運動
3. **学習指導目標（ねらい）**

　　糸につるしたおもりが1往復する時間が変わる要因を予想して、調べて検証し、振り子の動きの変化の規則性に気づき、理解を深めることができる。

　【関心・意欲・態度】
　・振り子の規則性について、自分で予想を立てて、調べようとする。
　・実験について自由試行をし、振り子について関心をもつことができる。

　【科学的思考】
　・1往復の時間の変化を、おもりの重さや振れ幅、糸の長さと関係づけて予想することができる。

　【観察・実験の技能・表現】
　・条件を変えながら、適切な実験を行うことができる。

　【知識・理解】
　・1往復の変化は、おもりの重さや振れ幅には関係なく、糸の長さで変わることが理解できる。

4. **観察・実験の内容**

　【教具】 2リットルのペットボトル・割り箸・おもり（ビー玉）・糸
　ストップウォッチ・メジャー・はさみを各11個ずつ（グループ数）
　① ペットボトルに水を入れ、割り箸を上部に付け、簡易振り子を作る。
　② 1秒振り子になるように、糸の長さを調節し、実験過程を記録する。
　③ 1秒振り子ができたグループは2秒振り子に挑戦する。

5. **授業単元の学習指導計画（全7時間）**

　　第1・2時　　導入
　　　　　　　　① 振り子の振れ方に関心をもつ
　　　　　　　　② 振り子が往復する時間を測定する

第3～6時　振り子の性質を調べる
　　　　　① 1往復にかかる時間の違いを理解し、実験方法を考える
　　　　　② 自分で予想した実験方法で実験し、結果をまとめる
　　　　　③ 話し合いを通して、自分の予想や結果を見直す
　　　　　④ グループで実験を行い、結果をまとめる
第7時　1秒振り子を作る【本時】
　　　　　・振り子の1往復する時間を測定しながら、1秒振り子を作る

6．本時の学習指導計画
(1) 本時の学習指導目標
・振り子の規則性を活用して、糸の長さを変えながら1秒振り子を作ることができる。

(2) 本時の展開

時間	教師の活動	児童の活動	備考（評価など）
0分	はじめ（礼） ・本時の振り子の実験について説明する ・ワークシートを配る	はじめ（礼） ・実験の説明を聞く ・ワークシートを受け取り名前を記入する	・実験の説明をしっかり聞いているか
5分	1秒振り子ってどうやって作るんだろう？		
	・教卓の前に児童を集め、事前に作っておいた振り子を振らせ、1往復の時間を児童に計らせる ・どうすれ1往復の時間が1秒になるでしょうか？	・教卓の前に集まり、先生が行う振り子の1往復の時間を計る 　→　1秒にならない ・糸の長さに関係があることを思い出す	・1秒振り子の作り方をしっかりと見ているか ・振り子の規則性を思い出しているか
10分	振り子の規則性を使って、1秒振り子を作ろう		
	・1秒振り子になるときの糸の長さを予想させる	・1秒振り子になるときの糸の長さを予想する	

	・実験道具を各班に配り、糸の長さを変えながら、1秒振り子になるように作り始めることを指示する ・机間指導する ・2秒振り子も作ってみよう	・1秒振り子になるように、糸の長さを変えながら実験をはじめる ・実験の結果をワークシートに記入する ・2秒振り子を作る	・糸の長さや振り子の1往復の時間を正確に測定できているか
30分		実験結果を発表しよう	
	・班ごとに1秒振り子、2秒振り子になったときの糸の長さを発表させる ・各班の結果を板書する	・班ごとに1秒振り子、2秒振り子になったときの糸の長さを班の代表の児童が発表する	・他の班の発表をしっかりと聞いているか
40分		振り子の規則性について確認とまとめをしよう	
	・1秒振り子の作り方を確認させ、振り子の規則性についてまとめさせる ・次時の予告をする	・1秒振り子の作り方を確認し、振り子の規則性についてまとめる ・次時の学習内容を知る	・振り子の規則性について理解ができたか
45分	終わり（礼）	終わり（礼）	

【実験に用いた教具】

【○○市立○○小学校　理科　ワークシート】

「振り子」学習プリント

5年　　　組　　　番　名前＿＿＿＿＿＿＿＿＿＿＿

◇**今日の学習課題**
　振り子のきまりを使って、1秒振り子を作ろう。

◇**予想**
　1秒振り子＿＿＿＿＿＿ｃｍ　　2秒振り子＿＿＿＿＿＿ｃｍ

◇**測定**　※振り子のおもりを、振り子計の真ん中にしっかり合わせること。

糸の長さ（ｃｍ）	1回目（秒）	2回目	結果
ｃｍ			
ｃｍ			
ｃｍ			
ｃｍ			
ｃｍ			

◇**結果**
　1秒振り子　＿＿＿＿＿＿ｃｍ　　2秒振り子　＿＿＿＿＿＿ｃｍ

◇**今日の発見・感想など**

【授業者のリフレクション（振り返り）】

① 感想

「ペットボトルと身近なものを使って、1秒振り子を作る」私たち教師役でさえ心踊るようなテーマ設定ができたと思う。事前にリハーサルをした時点でも活動が楽しく、目と手で観察ができるよいテーマだと思った。私は教師1の立場で授業を行い、まとめの部分で振り子の規則性をおさらいする場面が一番印象に残っている。皆の「なるほど」、「そうなんだ」といった反応があったことで、独りよがりの授業ではなく、皆しっかりと聞いてくれている授業を行うことができたと思う。

② 反省

準備に費用が結構かかってしまったのが痛かった。振り子を作るにあたって、当初は6人1組で7～8班を想定していた。しかし、記録係に1人、実際にペットボトルで道具を作るのに1～2人、ストップウォッチ係が1人。4人いれば実験ができてしまい、6人グループだと残りの2人は何をしているのかという問題が出てきた。多くの児童に積極的に参加してほしいという願いから、4人1班で11班というグループ設定をしたが、班数が多くなるに従って用意する教具の数も増えてしまった。

③ 教材や指導計画の改善の方向性

本来ならば、理科室などにある「振り子装置」などを使って行えば正確な数値がでて、実験的には満足の結果が出るであろう。しかし、私たちはあえて手作りの教具を使うことで、児童から実験への興味がわき、積極的に実験に参加するのではないかと思い、今回は手作りの実験器具を使うことにした。しかし、手作りゆえに正確性に欠け、1秒振り子の糸の長さは実際には25cmであるはずであったが、ほとんどの班で20cmという結果が出てしまった。

これは割り箸に糸を結びつけるときに起きてしまう誤差で、原因が分かっているのにもかかわらず、よい対策が練れなかったのが事実である。改善としては、あらかじめ割り箸と糸を結びつけた状態で渡し、長さを決めてハサミで切る、などが考えられる。

【授業の工夫したところ（著者のコメント）】

　この授業は、振り子の運動の単元の最後の時間に設定されています。また、授業のねらいは、前時までに学習した振り子の規則性をすべて活用し、子どもたちの工夫の中で「1秒振り子」を作ることです。

① 　実験の工夫；本授業者も事例1の授業者と同様に、実験をさせる器具を、子どもの身近にあるペットボトル、割り箸、そしておもりとしてビー玉を用いて事前に用意しました。まず、このこと自体がりっぱな授業の工夫点だと思います。加えて、学習単元のまとめの時間として、さらに実験を取り入れ、これまでの授業で学習したことをすべて用いて周期が1秒になる「1秒振り子」を作るという、子どもに分かりやすい実験テーマを提示したことが大きな授業の工夫点だと思います。

② 　授業上の留意点；授業者作成のワークシートは、振り子の糸の長さのみを変化させ、その際の1往復の時間（周期）を記録させるようになっています。単元全体のまとめの実験ですので、おもりの重さや振れ幅なども変化させながら1秒振り子を作らせていくと一層、学習の効果が上がったのではないかと考えます。

(6) 5年生B領域の理科授業の工夫
―植物の発芽、成長、結実―

授業者：M大学、Fさん・Kさん

1. **領域名**　　第5学年　B　生命・地球
2. **単元名**　　植物の発芽、成長、結実
3. **学習指導目標（ねらい）**

　　植物を育て、植物の発芽、成長及び結実の様子を調べ、植物の発芽、成長及び結実とその条件についての考えをもつことができる。
　・植物は、種子の中の養分を基にして発芽することが理解できる。
　・植物の発芽には、水・空気及び温度が関係していることが理解できる。
　・植物の成長には、日光や肥料などが関係していることが理解できる。
　・花にはおしべやめしべなどがあり、花粉がめしべの先に付くとめしべのもとが実になり、実の中に種子ができることが理解できる。

4. **観察・実験の内容**

　① 条件別（A 室内・水有、B 室内・水無、C 室内・水有・ビニール袋で覆う、D 冷蔵庫・水有）に育てたインゲンマメ
　② ワークシート

5. **授業単元の学習指導計画（全9時間）**

　第1時　　発芽し始めた種子を観察して、発芽の様子について関心をもち、種子の中の様子や発芽について疑問をもつ
　第2時　　インゲンマメの種子の発芽に必要な条件を考え、実験計画を立てる
　第3時　　種子の発芽には、水・空気・適当な温度が必要なことを実験で調べる【本時】
　第4時　　実験の結果から、種子の発芽には、水・空気・適当な温度が関係していることを捉える
　第5時　　いくつかの植物の種子を使って、種子の発芽に必要な条件を整えれば種子は発芽することを確かめる実験を行う
　第6時　　水・空気・発芽に適当な温度の条件をそろえれば、種子は季節を問わず発芽することを確かめる

第7時 インゲンマメについて、種子と発芽しかけた種子の中を観察し、種子には葉や茎や根になるところと、子葉になるところがあり、それらが変化していくことを捉える

第8時 インゲンマメの子葉の働きを予想し、ヨウ素液を使って種子の中にはでんぷんがあることを捉える

第9時 インゲンマメの成長に伴い、しぼんできた子葉の様子を調べ、子葉の養分は発芽に使われていることを捉える

6. 本時の学習指導計画
   (1) 本時の学習指導目標
   ・条件別に育てたインゲンマメを観察し、インゲンマメの成長には、水・空気・適当な温度が必要であることが理解できる。
   (2) 本時の展開

時間	教師の活動	児童の活動	備考（評価など）
0分	はじめ（礼） ・前時までの復習をする ・本時の授業では、条件別に育てたインゲン豆の観察をすることを伝える	はじめ（礼） ・前時までの学習内容を思い出す ・本時の学習内容を理解する	・前時までの学習内容を理解しているか
5分	インゲン豆を観察しよう		
	・条件別に1週間育てた4種類（A〜D）のインゲンマメを班ごとに取りに来させる ・ワークシートを配付する ・4種類（A〜D）のインゲンマメの条件を確認する ・インゲン豆の観察をはじめ、スケッチし、気づいたことを記入しておくように指示する	・条件別に1週間育てた4種類（A〜D）のインゲンマメを班ごとに取りに行き、観察の準備をする。 ・ワークシートを受け取る ・4種類（A〜D）のインゲンマメの条件を理解する ・インゲン豆の観察をはじめ、スケッチし、気づいたことを記入する	・マメの育てた条件 A. 水、空気、適温 B. 水なし C. 空気なし D. 冷温 ・インゲン豆の発芽の様子を細かく観察しているか

時間	学習活動		
25分	インゲン豆の発芽の様子から分かったことを発表しよう		
	・インゲン豆の発芽の様子から分かったことを班ごとに整理させる ・インゲン豆の発芽について気づいたことを発表させる	・インゲン豆の発芽の様子から分かったことを班ごとに整理する ・インゲン豆の発芽について気づいたことを発表する	・気づいたことが記入されているか ・他の班の発表をしっかり聞いているか
35分	インゲン豆の発芽の結果について考えよう		
	・全ての班の観察結果から、インゲン豆の発芽において気づいたことを考えさせ、発表させる	・全ての班の観察結果から、インゲン豆の発芽において気づいたことを考え、発表する	・水、空気、適温の条件を用いた考察ができるか
40分	インゲン豆の発芽についてまとめよう		
	・インゲンマメの発芽には、水、空気、適温が必要であることを説明し、確認する ・次時の予告をする	・インゲンマメの発芽には、水、空気、適温が必要であることを理解する ・次時の学習内容を知る	・インゲンマメの発芽に必要な条件を理解できたか
45分	終わり（礼）	終わり（礼）	

【模擬授業で使用した学習教材、展示物や提示物】

教具(スケッチしたインゲンマメ)

授業風景

教具(インゲンマメの発芽結果表)

【○○市立○○小学校　理科　ワークシート】

インゲンマメさんこんにちはっ！

○ 条件別に1週間育てたインゲンマメをスケッチしよう。

● 条件

A：条件インゲンマメ　　　B：水なしインゲンマメ　　　C：ビニールインゲンマメ

1日目

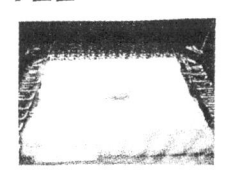

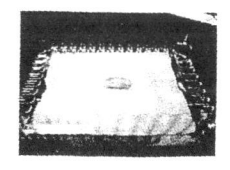

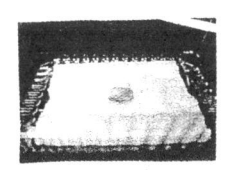

5日目

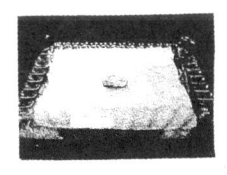

7日目

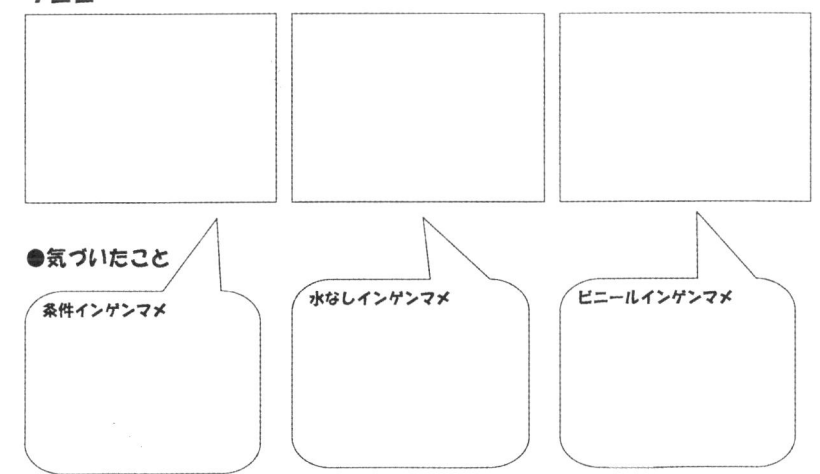

● 気づいたこと

条件インゲンマメ

水なしインゲンマメ

ビニールインゲンマメ

年　　組　名前 _____

D：冷ぞう庫インゲンマメ　　●インゲンマメの条件を確認しよう！

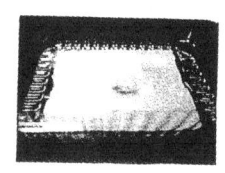

	A. 条件インゲンマメ	B. 水なしインゲンマメ	C. ビニールインゲンマメ	D. 冷ぞう庫インゲンマメ
水	○			
適当な温度	○			
空気	○			

●まとめ

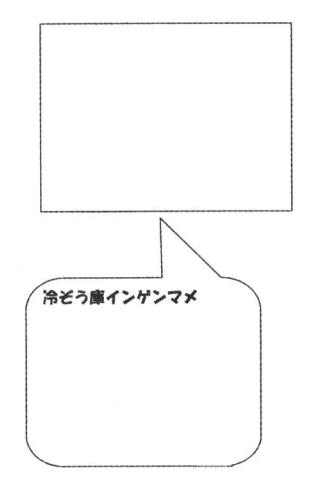

冷ぞう庫インゲンマメ

今日の授業は・・・

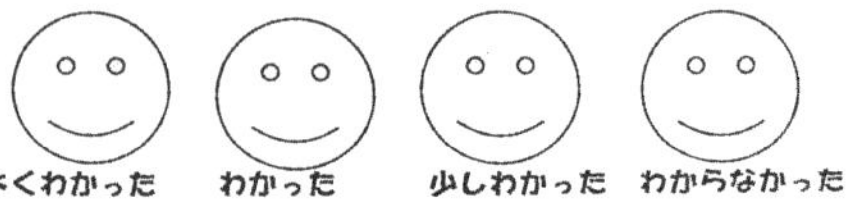

よくわかった　わかった　少しわかった　わからなかった

【授業者のリフレクション（振り返り）】

　全体の授業を通しては発芽には水、空気、適当な温度だということを強調できたので、子どもたちに授業のポイントは伝わったと思う。しかし、まとめの言葉は自分でも何を言っているのか分からなくなってしまったので、インゲンマメの発芽の過程をうまく伝えられたかは分からなかった。

　A、B、C、Dのインゲンマメが5年生の子どもたちには、一度に条件と照らし合わせて考えることは難しいかと思い、○○インゲンマメと授業の中で呼び方を変えたが、ワークシートにも表記するなどしたらよかったと思う。それとは別に、一目見て子どもたちが条件を分かるように、ワークシートの中に表を作り、授業の中の確認のときに書き込んでもらいたいと思う。ワークシートにおいては、子どもに分かりにくいところがあったので位置やレイアウトを変え、子どもたちが取り組みやすいものにしたい。

　また、今回の発芽実験の空気がないとインゲンマメは発芽しないということを確認する実験で3つの班が失敗してしまった。育てる中で水を入れるときや、ビニール袋の中にある空気で発芽してしまったのだと思うが、それだと知識・理解がしにくくなってしまうので、なるべく空気のない状態に近づけ、実験を行うようにしたいと思う。その改善方法として宮下先生から、ビニール袋にストローを刺し空気を抜くという方法を教えていただいたので、そのように行いたいと思う。

　授業の中で子どもたちに意見を発表してもらう場面があり、指導案では立って発表させると計画したが、その場の子どもたちに合わせて座ったまま発表をさせてしまった。子どもたちが発表するときは毎回立たせるようにしたい。また、時間がいっぱいいっぱいになってしまい、観察したスケッチに対して机間指導により適切な指導ができなかった。また、スケッチをしている中で生まれてきた子どもたちの疑問がたくさんあったが、その疑問にうまく答えることができなかった。教員は子どもたちが疑問に思うであろうことは事前に下調べを行い、質問に答えられるようにしなくてはならないと感じた。また分からないことは次回の授業で答えられるようにしておく必要があるとも思った。

【授業の工夫したところ（著者のコメント）】

　この授業のねらいは、植物を育て、植物の発芽の様子を調べ、植物の発芽に必要な条件（水、空気、温度）が必要であることを実験を通して理解することです。

① 　実験の工夫：本授業者は、インゲンマメを素材に用い、植物の発芽に必要な条件を探らせるために、発芽させるための環境条件を変えた4つの比較実験を事前に班の数だけ準備しています。理科の実験においてこの「比較実験」は自然事象を探っていく上でとても大切な手法です。授業者はこのことを十分に理解し、準備をしており、このこと自体がりっぱな授業の工夫点だと思います。また、ワークシートも写真を用いるなど、子どもにとって分かりやすい工夫がなされていると思います。

② 　授業上の留意点：本授業は模擬授業ということもあり、インゲンマメの発芽を事前に授業者側で行っていますが、実際の授業においては、子どもに条件を変えた状態ではじめから育てさせることが必要かと思います。また、空気の条件を削除するためにビニール袋をかぶせる実験を行っていますが、この際には十分に袋内の空気を抜いておくことが重要であると考えます。

(7) 6年生A領域の理科授業の工夫
―水溶液の性質―

授業者：M大学、Uさん

1. **領域名**　　　第6学年　A　物質・エネルギー
2. **単元名**　　　水溶液の性質
3. **学習指導目標（ねらい）**

　　いろいろな水溶液を使い、その性質や金属を変化させる様子を調べ、水溶液の性質や働きについての考えをもつことができるようになる。

　【関心・意欲・態度】
　・紫キャベツを用いた指示薬で水溶液の色に変化が起こることに興味と関心をもつことができる。
　・水溶液には様々な性質のあることに興味と関心をもつことができる。

　【科学的思考】
　・色々な水溶液に紫キャベツを用いた指示薬で色の変化から、水溶液の性質を考えることができる。

　【観察・実験の技能・表現】
　・色々な水溶液に紫キャベツを用いた指示薬で色の変化を調べることができる。

　【知識・理解】
　・水溶液には、酸性、アルカリ性及び中性のものがあることことを理解することができる。
　・水溶液には、気体が溶けているものがあることを理解することができる。
　・水溶液には、金属を変化させるものがあることを理解することができる。

4. **観察・実験の内容**

　　小分けをした紫キャベツにいろいろな水溶液を混ぜて、色の変化を見る。

　【教具】・指示薬作り；紫キャベツ、湯、蓋付き容器、まな板、包丁
　・①の指示薬、水溶液（①レモン水・②酢・③サイダー・④水・⑤アル

カリ水・⑥石鹸水）、水溶液を入れる容器（透明カップなど）、スポイト1人2つ（醤油入れで代用可）、卵パック1人1つ（6個入り）、ボール（水入れ）、棒（割り箸など）、雑巾、マジック、ワークシート（紫キャベツの秘密、酸性・中性・アルカリ性について）

5. 授業単元の学習指導計画（全7時間）

第1時	溶液には、気体が溶けているものがある
第2時	水溶液には、酸性、アルカリ性及び中性のものがある【本時】
第3時	水溶液には、酸性、アルカリ性及び中性のものがある（一般化・知識理解の定着）
第4時	水溶液には、金属を変化させるものがある
第5時	水溶液を判別する

6. 本時の学習指導計画

(1) 本時の学習指導目標

・色々な水溶液に色を着けることで、視覚的に水溶液が変化することを発見し楽しむ。紫キャベツに含まれるアントシアニンが水溶液の色を変えるということを知るとともに、水溶液の色によって酸性、アルカリ性、中性という3種類に区別できることを学習する。

(2) 本時の展開

時間	教師の活動	児童の活動	備考（評価など）
0分	はじめ（礼） ・前時の復習をする ・紫キャベツを使うと水溶液の色が変わる実験を行うことを説明する	はじめ（礼） ・前時の学習内容を思い出す ・先生の説明を聞く	・前時の学習内容を理解しているか
5分	色々な水溶液を分類できる紫キャベツを使った指示薬を作る		
	・教卓の周りに子どもを集め、紫キャベツを使った指示薬を作る	・紫キャベツを使った指示薬作りを見る	①紫キャベツを包丁で細かく刻む ②刻んだ紫キャベツを容器に入れお湯を注ぎ5分間待つ

時間			
15分	【実験】魔法水実験を行う		
	・紫キャベツの指示薬（魔法水）と水溶液（①レモン水、②酢、③サイダー、④水、⑤アルカリ水、⑥石鹸水）を各班に配る ・卵パック（6個入り）を1人1つずつ配る ・卵パックに6種類の水溶液を別々に入れ、魔法水をそれぞれに加え、色の変化を観察させる	・紫キャベツの指示薬（魔法水）と水溶液6種類を受け取る ・卵パック（6個入り）を1人1つずつ受け取る ・卵パックに6種類の水溶液を別々に入れ、魔法水をそれぞれに加え、色の変化を観察し、記録する	・卵パックでなく、シャーレでもよい ・実験方法をしっかりと聞き、意欲的に実験に取り組み記録しているか
30分	実験結果の発表と魔法水のなぞを解く		
	・水溶液がどのような色に変化したか各班に発表させる ・なぜ、魔法水で水溶液の色が変化したのか質問する ・紫キャベツに含まれるアントシアニンが水溶液の色を変えることを説明する	・水溶液がどのような色に変化したか各班に発表する ・魔法水で水溶液の色が変化したのか、理由を考える ・紫キャベツのもつ力を知る	・他の班の発表をしっかりと聞いているか
40分	水溶液には、酸性、アルカリ性及び中性のものがある		
	・変化した色の違いで水溶液を酸性、中性、アルカリ性に区別できることを説明する	・変化した色の違いで水溶液を酸性、中性、アルカリ性に区別できることを理解する	・本時のまとめを理解できたか
45分	終わり（礼）	終わり（礼）	

【○○市立○○小学校　理科　ワークシート】

6年　　組　　名前

第6学年A（2）水溶液の性質

【実験の内容】小分けした紫キャベツ液に色々な水溶液を混ぜて、色の変化を見る

【実験の内容】水溶液は、酸性、アルカリ性及び中性という3種類に区別されるということを体験的に学ぶ

【教具】① 指示薬作り　紫キャベツ・湯・蓋付き容器・まな板・包丁
② ①の指示薬・水溶液（①レモン水・②酢・③サイダー・④水・⑤アルカリ水・⑥石鹸水）・水溶液を入れる容器（透明カップなど）・スポイト1人2つ（醤油入れで代用可）・卵パック1人1つ（6個入り）・ボール（水入れ）・棒（割り箸など）・雑巾・マジック・ワークシート（紫キャベツの秘密・酢酸・中性・アルカリ性について）

【実験の手順】①卵パックの各部屋に指示薬と各水溶液を別々に混ぜていく
②混ぜた水溶液の番号がわかるようにする

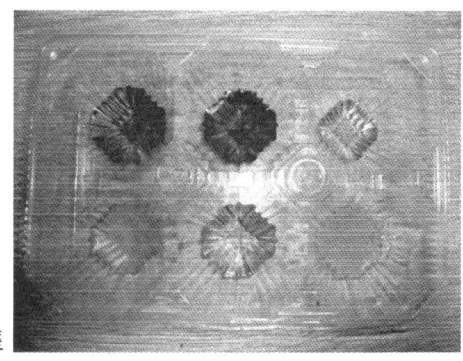

指示薬

実験結果
左上から時計回りに、レモン水・酢・サイダー・石鹸水・アルカリ水・水
（酸性は赤色・中性は紫色・アルカリ性は青色または緑色に変化する）

(7) 6年生A領域の理科授業の工夫　67

【魔法水実験のまとめ】

6年　　組　　番　氏名

＊水溶液はどのように色が変わったかな？

[　]　　　[　]　　　[　]　　　[　]　　　[　]　　　[　]
（　）　　（　）　　（　）　　（　）　　（　）　　（　）

←酸性　　　　　　　中性　　　　　　　アルカリ性→

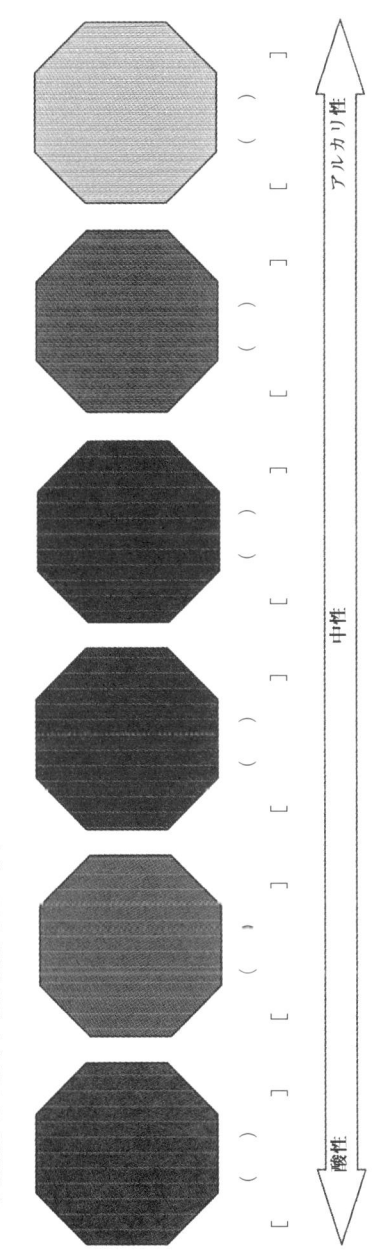

＊どうして、水溶液の色が変わるのかな？
《紫キャベツの不思議》おまけ
紫キャベツに含まれるアントシアニンという成分には、色を変化させる働きがある。酸性の場合は赤色・中性の場合は紫色・アルカリ性の場合は青色（緑色）に変化する。アントシアニンは紫キャベツ以外にもブルーベリーやぶどう・イチゴ・ナス・ツバキ・黒ゴマにも含まれている。

＊他の水溶液でも色が変わるのかな？

【授業者のリフレクション（振り返り）】

　水溶液の実験は、小学校の理科の中で私が好きだった授業でもあり、まずは、どうやったら子どもたちに楽しんでもらえるかを考えた。そこで、考えついたのは≪身近にある水溶液≫を使って実験をすることだった。さらに、教科書やインターネットから、≪紫キャベツが指示薬になる≫ということを知り、この2つのアイデアを組み合わせて、学習指導計画を立てた。

　紫キャベツを指示薬にするというのは、私自身も始めての試みだったので不安もあったが、予行演習を行った時、水溶液の色が変化したのを見て、周囲にいた人が「すごい！！」と声をかけてくれた。もちろん、私自身も色の変化が面白いと感じたので、模擬授業に使用を決めた。

　紫キャベツの水が、水溶液と混ざり合って色が変化していく様子にはとても不思議な印象を受けた。そこから、本時の授業のテーマを≪魔法水実験≫と設定して授業を構成した。そのため、授業の準備から、水溶液の正体が分からないように配慮しながら子どもたちに配るなど、事前の準備と細かなところまで計画を立てるのが大変だった。しかし、その分、子どもたちの前で水溶液の色が変わったときには歓声が上がったので嬉しかった。

　なにより、子どもたちが楽しそうに実験を行っていたのを見て、教師が子どもたちに理科の楽しさを伝えることの重要性を改めて感じた。しかし、私の配慮不足で予想以上に子どもの実験結果に差異が生じてしまったので、改善が必要だと思った。また、実験結果をしっかりと知識・理解におとすことの重要さを改めて考えた模擬授業となった。

【授業の工夫したところ（著者のコメント）】

　この授業のねらいは、水溶液は酸性・中性・アルカリ性に分けられることについて実験を通して理解することです。

① 実験の工夫：授業者は、子どもたちの生活の中で身近にある「紫キャベツのしぼり汁」を用い、様々な水溶液の色が変化することに興味と関心をもたせるとともに、色の変化によりそれらの水溶液が酸性・中性・アルカリ性に分けられるという実験を工夫しています。いきなり、リトマス試験紙を用いて水溶液の酸性・中性・アルカリ性を調べさせるのではなく、まず、子どもたちの身近なものを活用して、水溶液の色の変化に気づかせようとしたことは、子どもの自然事象への驚きや不思議さを引き出すのによい学習展開が工夫されていると思います。また、学習指導計画書には、次の第3時には一般化とありますが、リトマス試験紙を用いた実験を行い、知識・理解の定着を図ることが伺われます。

② 実験器具の工夫：本授業では、6種類の水溶液を調べるのに、卵パック（6個入り）を活用しています。器具の揃った学校ならば、小さなシャーレを数多く用いて実験を行うところですが、より子どもの身近な物を活用するということで、授業者の工夫がよく伝わってきます。

(8) 6年生 B 領域の理科授業の工夫
―人の体のつくりと働き―

授業者：M大学、Kさん・Mさん

1. **領域名**　　　第6学年　B　生命・地球
2. **単元名**　　　人の体のつくりと働き
3. **学習指導目標（ねらい）**

　　人や他の動物を観察したり資料を活用したりして、呼吸、消化、排出及び循環の働きを調べ、人や動物の体のつくりと働きについての考えをもつことができる。

　【関心・意欲・態度】
　・人や他の動物の体のつくりに興味・関心をもって、その働きについて追究する活動を行うことができる。

　【科学的思考】
　・呼吸、消化、排出及び循環の相互の働きを関係づけながら考え、予想を立てたり、考察したりすることができる。

　【観察・実験の技能・表現】
　・予想を立て、計画的に実験を行い、実験結果から人や他の動物の体の働きについて適切な考察を行うことができる。
　・映像や図書などの資料を有効に活用し、情報を集めることができる。

　【知識・理解】
　・実験や観察、資料を通して、人や他の動物の体のつくりと働きについての理解を図り、それについての見方や考え方、そして生命を尊重する態度をもつことができる。

4. **観察・実験の内容**

　【実験①】1分間の脈拍数を全員一斉に測定する。各自、一番測りやすい部位で測定する。
　【実験②】1分間の椅子の昇降運動を行った後の脈拍数を数え、運動前の脈拍数と比べる。

5. **授業単元の学習指導計画（全10時間）**

　　第1時　　　人や動物が生きていくには、何が必要なのかを考える

(8) 6年生B領域の理科授業の工夫　71

第2時　　　人や動物は、呼吸をして空気中の何を取り入れていたのか、また、はきだした空気は吸う空気と違うのかを考える

第3時　　　人や動物は呼吸をして、空気中の酸素を体のどこで取り入れているのかを考える

第4時　　　人や動物は、食べ物の何を、体のどこで取り入れているのかを考える

第5時　　　食べ物に含まれている養分は、どのようになって体内に取り入れられているのか

第6時　　　血液は身体のどこを通って酸素や養分を運んでいるのか、また心臓と血液の関連性を考える【本時】

第7時　　　全身をめぐる血液の流れと働きを知る

第8時　　　身体の中を流れる血液の様子を映像から捉える

第9時　　　人の体の内部を探る

第10時　　他の動物の血管や血液の流れを調べる（メダカの観察）、まとめ

6．本時の学習指導計画

(1) 本時の学習指導目標
・実験を通して、血液が全身に流れていることを理解することができる。
・実験結果に基づき、心臓の働きと血液の流れを関係づけながら考察することができる。

(2) 本時の展開

時間	教師の活動	児童の活動	備考（評価など）
0分	はじめ（礼） ・前時までの復習をする ・本時の授業では、血液が体の中のどこを通って酸素や養分を運んでいるのかを学習することを伝える	はじめ（礼） ・前時までの学習内容を思い出す ・本時の学習内容を理解する	・前時までの学習内容を理解しているか

時間	教師の活動	児童の活動	評価・留意点
5分	【実験①】体中の脈を探して脈拍数を数えてみよう！		
	・体のどこで脈拍が数えられるのか問い、体中の血管を探すように指示する ・血管は全身にあって、酸素と養分を全身に運んでいることを説明する	・自分の体で確かめながら血管を探し、ワークシートに記録する ・血管は全身にあって、酸素と養分を全身に運んでいることを理解する	・実験に意欲的に取り組むことができているか
15分	【実験②】運動した後の脈拍はどうなるのか、予想して確かめてみよう！		
	・1分間の脈拍数を全員一斉に測定させる ・運動した後の脈拍数がどのようになると思うか予想させ、発表させる ・1分間の椅子の昇降運動を行わせた後の脈拍数を数えさせ、運動前の脈拍数と比べさせる	・1分間の脈拍数を測定し、ワークシートに記録する ・運動した後の脈拍数がどのようになると思うか予想し発表する ・1分間の椅子の昇降運動を行い、その後の脈拍数を数える。そして、運動前の脈拍数と比べる	・一番測りやすい部位で測定させる ・昇降運動の見本を教師が先に見せ、安全性の確保に努める
30分	なぜ、運動した後の脈拍が速くなるのかな？考えてみよう！		
	・なぜ、運動した後の脈拍が速くなるのか質問し、考えさせる ・考えを発表させる ・運動した後に脈が速くなる理由について説明する ・次時の予告をする 　終わり（礼）	・各自で考え、ワークシートに記入する ・考えを発表する ・運動をするとエネルギーとなる酸素が不足し、血液を通して不足した酸素を急いで送るために脈が速くなることを理解する ・次時の学習内容を知る 　終わり（礼）	・しっかりと考えているか ・運動した後に脈が速くなる理由について理解できたか
45分			

7．板書計画

```
血液は、からだのどこを通って
        酸素や養分を運んでいるのだろう

○ からだ中の血管を探してみよう！        ○運動した後、脈はくはどうなるかな？
                                          予想：例）変わらない、速くなる
                                          結果：運動した後の脈はくは、早くなる！！

        [人体図]

血液は全身に流れていて、からだ全体に酸素や
養分を運んでいる。
```

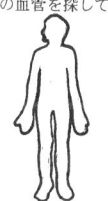

```
血液は、からだのどこを通って
        酸素や養分を運んでいるのだろう

                                    運動すると、エネルギーと
○なぜ、運動した後の脈はくは         なる酸素が不足する
  速くなるのだろう？                        ↓
                                    呼吸で酸素を取り込む
        [人体図]                            ↓
                                    心臓が、全身に酸素を送る
                                    ために速く動く
                                            ↓
                                    脈はくも速くなる
```

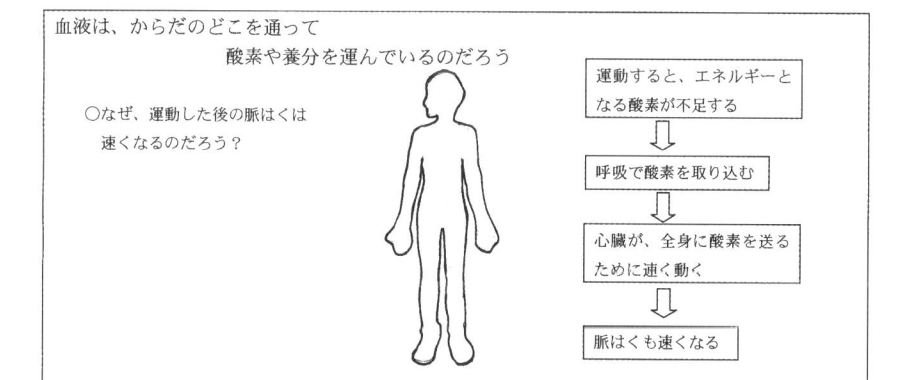

【○○市立○○小学校　理科　ワークシート】

人のからだのつくりと働き

～血液は、からだのどこを通って　酸素や養分を運んでいるのだろう～

◆からだ中の血管を探してみよう！

脈はくが調べられるところはどこかな？
見つけたところにマークをつけよう！

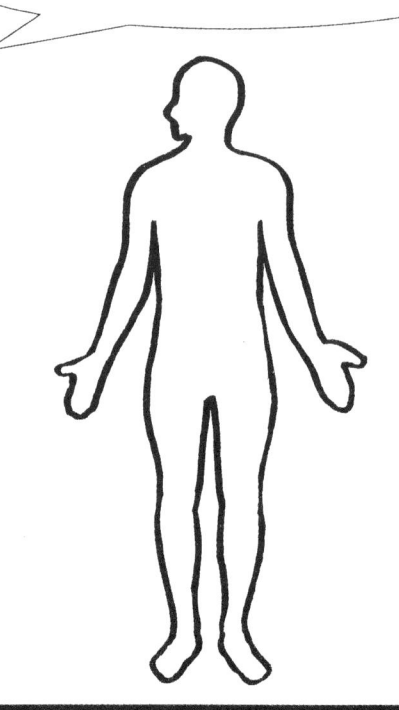

わかったこと

(8) 6年生B領域の理科授業の工夫　75

年　　組　　番　名前

◆1分間の脈はくをかぞえてみよう！

　　1分間で　　　　　　　　　回

どうなるのかな？

◆運動した後、脈はくはどうなるかな？

予想を書いてみよう！

予想

◆1分間運動した後の脈はくは・・・

結果
　1分間で　　　　　　回

つまり…運動した後の脈はくは、

＿＿＿＿＿＿＿なる！！…①

なぜ①の結果になったのかな？考えてみよう！

今日の授業は理解できたかな？当てはまるところを○で囲もう。			
・よく理解できた	・やや理解できた	・あまり理解できなかった	・全然理解できなかった

【授業者のリフレクション（振り返り）】

　実際に授業を行い、そしてその評価を受けて、多くの反省点、改善点を見つけることができた。私たちは授業の展開を考えていく上で、児童に伝えたいこと、理解してもらいたいポイントが何であるかを考えるということに気をつけた。そして、児童が体を動かして体験的に、主体的に学んでいけるような授業にすることを目標にした。授業全体を通して、このことを実践できたと感じる。

　まず、本時の授業のテーマタイトルを全員で読むことは、全員がこれからどんなことを学習するのかということを確認することができ、児童の関心を授業に向けてはじめることができるのでとてもよかった。これはどの授業でも、どの学年でも行いたいと思う。

　私たちは、発問に対して児童に考えて予想を立ててもらい、その後、実験を通して考察をしていくという機会を3回設けた。「子どもがじっと耐えられる時間は15分」ということを聞いたので、このことをしっかりと取り入れた。これによって、児童は45分間飽きることなく授業に参加できたと思う。しかし、児童が考える時間をもっと取ったり、グループで話し合ったりする時間を作ったら、問題解決に向けた児童の考えを深めることができたように思う。児童の「なぜだろう」、「こうなるんじゃないかな」という気持ちを大切にした授業を展開していきたい。

　今回は、児童全員が自分の体を触って脈を見つけたり、平常な時の脈拍数と運動後の脈拍数の違いを児童自身が自分の体で実感して気づいたりという活動を取り入れた。児童の様子を見ると、私たち教師が与えた発問に対して、驚きや発見したことを喜んだりしながら答えを導き出していたように感じた。児童全員が実験に参加し、自分の体験を通して答えを導き出すことは、児童が楽しく、主体的に授業を受けるためにとても大切なことである。そして体験を通した学びは記憶に残りやすいように思う。このことは、先に述べたように、授業の構成を考える上で最も重視した点である。どの単元の授業を行う際にも取り入れていきたいと考えている。

【授業の工夫したところ（著者のコメント）】

　この授業のねらいは、血液が人の体の全身に酸素や養分を運んでいること、そして心臓の働きと血液の流れの関連性を実験を通して理解することです。

① 　実験の工夫：小学生の集中力は45分間（多くの学校の1コマ分）はもちません。子どもの集中力はおよそ15分間と言われます。授業者はこのことをしっかりと理解し、授業の展開部分を大きく3段階に区分し、子どもの実験や考察への集中力を保持していこうとしています。まず、このこと自体がりっぱな授業の工夫点だと思います。子どもが自分の体の脈拍を数えるという経験はこれまでにあまりありません。ある子どもが「分かった、分かった」というと、自分の脈拍を把握できない子どもも一緒に分かった振りをしてしまいます。教師は子どもの反応を捉え、個別指導や子ども同士の学び合いなどにより、しっかりと脈拍を把握させることが重要だと思います。

② 　板書の工夫・ワークシートの工夫：学習指導計画書には板書計画も掲載されています。学習のどの時点で、どのような内容を、どの位置に書くのかなど、よく工夫されていると思います。また、ワークシートも人体の絵にマークを付けさせるなど、子どもが記入しやすい工夫がなされています。さらに、最後には自己評価欄も付けてあるなどよく工夫されていると思います。

第3章 自然大好きな子どもをはぐくむ先生の発見事象による理科授業の工夫

(1) 3年生A領域の理科授業の工夫
－スライムで遊ぼう！－

【「物と重さ」単元の中の「形と重さ」の導入学習や発展学習として活用できる】

授業者：K大学、Nさん

1. 私が発見した自然事象のタイトル

　　「スライムで遊ぼう！」

2. 自然事象の発見に至った経緯

　　発見までの苦労はあまりなかったのですが、発見してからのスライムを作るところでかなり苦労しました。ホウ砂とホウ酸を間違えて買ったり、水の量が多すぎてスライムにならなかったりと何度もつまづきました。

3. 自然事象の発見の具体的な内容

　　スライムってどのような物質に当てはまるのか、かなり気になります。スライムってグニョグニョしているだけかと思っていたけれども、かなり奥が深いです。まずはたくさん触ってみてください。

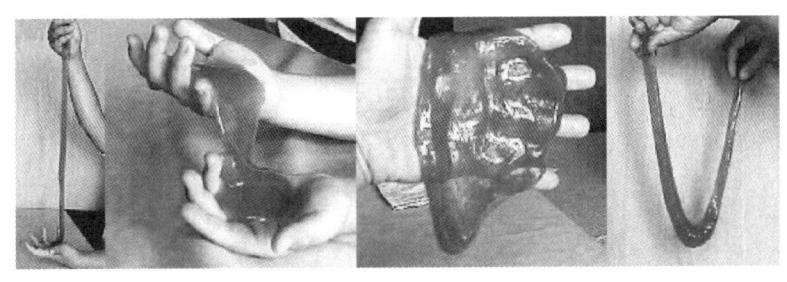

学習指導計画書

1. **学習タイトル**「スライムで遊ぼう！」
2. **学習指導目標（ねらい）**

　　物質には、固体、液体、気体などといったものがあるが、その他にはどのような物質が存在するのか？　実際にスライムを作って体感してもらう。

【関心・意欲・態度】

・固体、気体、液体とはどのようなものかを知った上で、スライムの存在に気づき、興味と関心をもつことができる。

【科学的思考】

・固体、気体、液体以外に、どのような物質があるのか考えることができる。

【観察・実験の技能・表現】

・ホウ砂、洗濯糊、水の量を調整しながら、スライムを作ることができる。

【知識・理解】

・固体、気体、液体とはどのようなものか、具体的なものを参考に知ることができる。

・スライムが固体、気体、液体のどの特長にも当てはまらないことを知ることができる。

3. **観察・実験の内容**

使用する物

洗濯糊、ホウ砂、水、ビーカー（ペットボトル）、割り箸、雑巾

実験内容

① ホウ砂を水に溶かす。

② ペットボトルに3分の1の洗濯糊を入れる。入れすぎると固くなり、少ないと柔らかくなる。

③ 水またはぬるま湯をペットボトル2分の1程度入れ、泡立ちすぎないように混ぜる。

④ 水に溶かしたホウ砂水をペットボトルの上部に少し空間ができるく

らいまで入れ、よく振る。
⑤ 少し時間をあけて、割り箸を入れてかき混ぜればスライムが完成する。

4. 授業単元の学習指導計画（全2時間）

第1時　　身の回りにある物で、固体、液体、気体とはどのような物か。少し、ヒントを出し、まずは自分たちで考えてもらう。その後で実際に、固体、液体、気体の典型的な物質を見せ、その他にスライムのような物質もあることを学習する【本時】。

第2時　　身の回りで、スライムのような物質を使った物にはどのような物があるのか、教室の中や外で探してみる。

5. 本時の学習指導計画

(1) 本時の学習指導目標

・物質には、固体、液体、気体などといった物があるが、その他にはどのような物質が存在するのか？　実際にスライムを作って体感する。

(2) 本時の展開

時間	教師の活動	児童の活動	備考（評価など）
0分	はじめ（礼）	はじめ（礼）	
	固体・液体・気体について考え、興味・関心をもつ		
	・固体・液体・気体について身の回りのある物で説明し、その他にはないか児童に考えさせ、ワークシートに記入させる	・固体・液体・気体にはどんな物があるか自分なりに考え、ワークシートに記入する	・考え、ワークシートに記入できているか
	・発表させる	・積極的に発表する	
	・固体・液体・気体の他にも不思議な物質があるということを知らせ、児童の前でスライムを作ってみせる	・先生が作っているスライムを見て驚く	・しっかりと先生の作り方を見ているか

15分	実験開始！　みんなでスライムを作ろう　そして遊ぼう		
	・教卓に置いてある実験道具を取りに来させる ・スライムの作り方の説明をする ・スライム作りを指示する （机間指導） ・できたスライムで遊ばせる ・スライムを触った感想をワークシートに記入させる	・実験道具を取りに行く ・スライムの作り方の説明をよく聞く ・スライム作りをはじめる ・できたスライムで遊ぶ ・スライムを触った感想をワークシートに記入する	・洗濯糊、ホウ砂、水、ビーカー、割り箸、雑巾を準備する ・スライムが作れているか ・スライムの感触を十分に体感できているか
35分	スライムの性質を知り、どのような場所で利用されているか考えよう		
	・スライムとは固体と液体の両方の特徴をもった物質ということを説明する。 ・次時の予告をする	・スライムとは固体と液体の両方の特徴をもった物質ということを理解する。 ・次時の学習内容を知る	
45分	終わり（礼）	終わり（礼）	

【○○市立○○小学校　理科　ワークシート】

　　　　　　　　　　　　　　　3年　　組　名前　　　　　　　

スライムで遊ぼう！

① 固体（こたい）ってなんだろう？

（　　　　　　　　　　　　　　　　　　　　　　）

② 液体（えきたい）ってなんだろう？

（　　　　　　　　　　　　　　　　　　　　　　）

③ 気体（きたい）ってなんだろう？

（　　　　　　　　　　　　　　　　　　　　　　）

＊じっけん後＊

④ じっけんでスライムを作ってみてどうだったかな？思ったことやかんそうなど何でも書いてみよう。

●● スライムの作り方 ●●

作り方　(1) コップに　せんたくのりを　1/3ぐらい　入れます。

(2) 水を　のりと　同じぐらい　入れます。

(3) よく　かきまぜます。

(4) しょくべにを、耳かき1ぱいぶん　入れて、色を　つけます。

(5) よく　かきまぜます。

(6) まぜおわったら、次に　水にとかした　ほうしゃを　入れます。
　　　（ほうしゃが多いとかたくなります）

(7) すばやく　はやく　かきまぜます。

(8) コップから　取り出し、右手から左手、左手から右手と、両手で投げ合いをします。

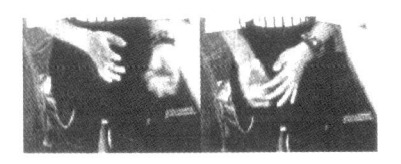

(9) 手に　くっつかなくなったら　出来あがり。

おやくそく

かならず　おとなの　ひとと　いっしょに　しましょう

ほうしゃや、スライムを、

ぜったいに、くちに　いれてはいけません！

【授業者のリフレクション（振り返り）】

　一番はじめの授業者ということもあって、どのように授業に入ってどのように進めていくかなどかなり戸惑いました。最初は緊張しましたが、次第に児童の前に立って授業をしていることが楽しくなり、完全に先生になりきっていました。この感覚を１年生のうちから味わえたことは、私にとってかなりのプラスになったと思います。

　授業に関しての反省点は、もっと子どもたちがワクワクするような授業への入り方や、授業の進め方を身につけておきたかったことです。実際に授業のタイトルや授業への入り方で模擬授業に対するモチベーションが全然違いました。

　その他には、授業の始まりと終わりの時間を守ること、授業の始まりにタイトルを黒板に書くことなど、基本的なことから注意していきたいと思いました。授業を進めていくにあたってまずは、板書計画を作成し、自分で作った実践計画に沿って授業を進めていけるように気をつけたいと思いました。指導計画書（学習指導目標）の４観点をさらに具体的に記述できるように直していきたいです。模擬授業を無事に終えることができてほっとしています。

【授業の工夫したところ（著者のコメント）】

　この授業のねらいは、物質には固体・気体・液体とありますが、これら3体に分けにくい物質があることを実験を通して理解することです。

① 授業者の工夫：授業者自身、スライムという素材にはすぐに気がついたようです。しかし、実際にスライムを作ろうとする段階で苦労し、何度も試行錯誤を繰り返したようです。

　スライム作りは児童にとっては、大変に興味を示すものです。児童ばかりか幼児にとっても、そして大学生などの大人にとっても大変におもしろい経験となります。大人にとっておもしろい教材は、児童にとってもおもしろい学習材なのです。授業者自身、試行錯誤の繰り返しの中で、洗濯糊とホウ砂と水との関係を正に発見したのです。この授業者の発見の喜びが児童に直接伝わっていったものと思います。その点で、本授業は自然大好きな子どもをはぐくむための工夫が成されていると言えます。また、事前に何色かの水性絵の具を溶いた水溶液を用意しておくと、スライムに着色がしやすくなります。

② 学習の発展：本授業は、「物と重さ」単元の中の「形と重さ」の導入学習や発展学習に位置づけていくことが可能です。さらに、スライムの中に砂鉄を加え、磁石をそばに持っていくと磁石に着こうとしたり、離れようとしたりするかもしれません。そうすれば磁石の学習の導入にも使えるものと思います。

(2) 3年生 B 領域の理科授業の工夫
―身近なダンゴムシを観察しよう―

【昆虫と植物】単元の中の「昆虫の成長と体のつくり」の発展学習として活用できる】

授業者：M 大学、K さん

1. 私が発見した自然事象のタイトル
「身近なダンゴムシを観察しよう」

2. 自然事象の発見に至った経緯
小さい頃から私たちの身近にいるダンゴムシ。しかしそのダンゴムシについて知っていることと言えば、「突っつくと丸まる。」といったことだけであった。身近であったがその正体をほとんど知らなかったことをきっかけに、ダンゴムシについて調べてみた。

実際に自分で飼育しながら観察をし、インターネットや児童向けの本を読み、ダンゴムシの生態や特性など、様々なことを発見した。

【参考文献】
・「ダンゴムシ　みつけたよ」　皆越ようせい,ポプラ社.
・「ぼく、だんごむし」　得田之久,福音館書店.

3. 自然事象の発見の具体的な内容
・ダンゴムシは「昆虫」ではない。
ダンゴムシは昆虫だと思っていたが、実は昆虫ではない。昆虫の定義は足が 6 本であるが、これに対してダンゴムシは足が 14 本もある。ダンゴムシはエビやカニと同じ甲殻類なのである。フナムシやワラジムシと近親である。

・ダンゴムシと迷路
ダンゴムシには、進行中に壁にぶつかると左へ、次は右へ（あるいは右へ、左へ）と交互に曲がっていく習性をもつ。この行動は「交代性転向反応」という。実験によると、前に曲がった方向とは逆の方向へ曲がる確立は約 85% とある。従って、短い距離で交互に左右に曲がれば抜けられる迷路を作ると、学習なしで通り抜けられるのである。

学習指導計画書

1. **学習タイトル**「身近なダンゴムシを観察しよう」
2. **学習指導目標（ねらい）**

　　第3学年の「A　生物とその環境」で、生物の成長のきまりや体のつくりなどを学習する。そして、身近な動物を観察することによって、身の回りにいる生物に対する愛護する態度を育み、積極的に生物の観察を行えるようになることを目標とする。特に、本時はその展開として、身近なダンゴムシについて学習をする。これまでの学習からダンゴムシが昆虫でないことに気づき、ダンゴムシの特殊な能力を発見し、ダンゴムシに対するさらなる興味と関心を養う。

   【関心・意欲・態度】
   ・身近にいる昆虫に対して、興味や関心をもち、愛護する態度を育成をすることができる。

   【科学的思考】
   ・昆虫の成長の決まりや、体のつくりなどの決まりを理解することができる。

   【観察・実験の技能・表現】
   ・積極的に昆虫を観察して、それぞれの昆虫の特性などを知り、まとめることができる。

   【知識・理解】
   ・身近な昆虫の生態を、様々な観点から学び、知識を深めた上で、さらに昆虫に対する興味や関心をもち、積極的に昆虫に関わることができる。

3. **観察・実験の内容**

   【学習教具の内容】
   ・観察カード（校庭で見つけたダンゴムシを観察し記入する）
   ・ダンゴムシ（校庭で見つけてくる）
   ・ダンゴムシ迷路（ダンゴムシの迷路実験に使用する：厚紙、はさみ、セロハンテープにより教師が事前に班の数だけ準備しておく）

4. 授業単元の学習指導計画（全7時間）

　　第1時　　　身近にどんな昆虫がいるか考えよう
　　第2時　　　校庭で昆虫を探そう
　　第3時　　　どんな昆虫がいたか発表しよう
　　第4・5時　　昆虫の育ち方や体のつくりを学ぼう
　　第6時　　　身近な「ダンゴムシ」を観察しよう【本時】
　　第7時　　　まとめ

5. 本時の学習指導計画

(1) 本時の学習指導目標

・身近な「ダンゴムシ」をじっくりと観察し、興味・関心をもつことができる。
・ダンゴムシの分類や生態を学び、新たな発見をすることができる。
・ダンゴムシ迷路を通して、ダンゴムシの特性に気づくことができる。

(2) 本時の展開

時間	教師の活動	児童の活動	備考（評価など）
0分	はじめ（礼） ・前時までの復習をする	はじめ（礼） ・前時までの学習内容を思い出す	・前時までの学習内容を理解しているか
5分	ダンゴムシを見たことがあるか確認し、校庭で見つけてこよう			
	・ダンゴムシをこれまでに見たり、触ったりしたことがあるか確認する ・校庭に行ってダンゴムシを見つけてくることを指示する	・ダンゴムシをこれまでに見たり、触ったりしたことを思い出す ・校庭に行ってダンゴムシを見つけてくる	・安全と静寂を保って校庭に引率する
15分	ダンゴムシの体の特徴を観察しよう（ダンゴムシは昆虫なの？）			
	・見つけてきたダンゴムシを足の数などに注目させて観察させる ・観察カードに足の数など、体の特徴について記入させる	・見つけてきたダンゴムシを足の数などに注目させて観察する ・観察カードに足の数など、体の特徴について記入する	・虫眼鏡があるとよい

	・ダンゴムシは昆虫なのか考えさせる	・足の数が違うなどのことからダンゴムシは昆虫ではないことに気づく	・昆虫の特徴をしっかりと理解できているか
25分	ダンゴムシ迷路でダンゴムシの動き方を見てみよう		
	・ダンゴムシのもつ特殊な能力「交代性転向反応」について説明する	・ダンゴムシのもつ特殊な能力「交代性転向反応」について知る	・先生の話をしっかりと聞いているか
	・「交代性転向反応」の特性を使えばダンゴムシは迷路も通れるかもしれないことを伝える	・「交代性転向反応」の特性を使えばダンゴムシは迷路も通れるかもしれないことを知り、驚く	・先生の話をしっかりと聞いているか
	・事前に作っておいた迷路を各班に配付し、ダンゴムシ迷路の実験を行わせる	・先生から迷路をもらい、ダンゴムシ迷路の実験を行う	・班で協力して実験を行っているか
	・ダンゴムシの動き方について発表させる	・ダンゴムシの動き方について発表する	・ダンゴムシの動き方の特性を理解できたか
	・次時の予告をする	・次時の学習内容を知る	
45分	終わり（礼）	終わり（礼）	

【授業者のリフレクション（振り返り）】

　生物というテーマで授業をするとなった時、様々な動物を用いての授業を考えましたが、実際に授業で接触できるという点からすると、やはり昆虫が扱いやすいと思い、昆虫で授業を行おうと思いました。そして調査を進めている時に、ダンゴムシが昆虫ではないという事実と、ダンゴムシには「交代性転向反応」という特殊な能力があることを知り、是非ダンゴムシで模擬授業を行いたいと思い、ダンゴムシを実際に飼育して模擬授業に臨みました。

　模擬授業は、自分としてもとても満足のいく内容となりました。実際に自分で飼育したお陰でダンゴムシについても知識も詳しくなり、ダンゴムシも元気に活動してくれたので、迷路も成功しました。児童役の学生もとても楽しんでくれていましたので、私自身も楽しめました。実際に小学校の教員になっても、是非行いたい授業になったと思いました。

【授業の工夫したところ（著者のコメント）】

　この授業のねらいは、昆虫について学習した後に、身近なダンゴムシを用い、ダンゴムシが昆虫ではないことに気づくとともに、ダンゴムシの特殊な能力を発見し、ダンゴムシにさらなる興味と関心をもたせることです。

① 授業者の工夫：「昆虫」について大学生でも十分にその定義を知らない人も多いかと思います。授業者は、子どもたちが幼児の頃から見慣れているダンゴムシについて発見を試みたのです。今さら大学生がダンゴムシから発見することなどあるのかとも思われるかも知れませんが、授業者は大きく2点を発見しました。1点目はダンゴムシの足は14本あり昆虫ではないこと、2点目はダンゴムシが進行中に壁にぶつかりはじめ左（もしくは右）に曲がると、次の壁では右（もしくは左）とほぼ交互に曲がっていくという習性（交代性転向反応）を発見したのです。そして、授業者は文献だけではなく実際に紙で迷路を作成し確かめた上で、授業にのぞんでいます。こうした先生の努力こそが、自然大好きな子どもをはぐくむための授業の工夫だったと言えます。

② 学習の発展：本授業は、「昆虫と植物」単元の中の「昆虫の成長と体のつくり」の発展学習に位置づけていくことが可能です。ダンゴムシの体の特徴や習性を実験から知ることにより、昆虫について一層しっかりとした知識・理解も生まれてくるものと思います。

(3) 4年生 A 領域の理科授業の工夫
―最強のシャボン玉を作ってみよう！―

【夏休みの自由研究を促す導入学習として活用できる】

授業者：M 大学、Y さん

1. 私が発見した自然事象のタイトル
「最強のシャボン玉を作つてみよう！」

2. 自然事象の発見に至った経緯
　まずはじめに、児童全員が知っていて興味がもてるもので実験ができないだろうかと考えた。学校の帰り道に、公園で児童がシャボン玉で遊んでいるのを見た。そこで、シャボン玉の大きいものはどうやって作るのだろう、シャボン玉を割れにくくすることはできないだろうか、なぜシャボン玉は割れてしまうのか、シャボン玉の膜の厚さはどれくらいなのだろうか、などいろいろ不思議に思った。

　そして、シャボン玉について調べはじめ、実際に作ってみて、今回の発見に至った。

【参考文献】
・米村傳治郎『米村傳治郎のおもしろ科学館』（オーム社, 平 14.7.25）
・今村正樹『みんなで実験楽しく科学あそび④シャボン玉』（偕成社, 昭 59.5）
・杉山弘之・杉山輝行『シャボン玉のはなし』（東京図書, 昭 62.4.30）
・B・ズボルフスキー『しゃぼん玉の実験』（さ・え・ら書房, 昭 62.4）

3. 自然事象の発見の具体的な内容
【今回の実験にかかわりのあるもの】
●シャボン玉が割れる理由
　膜がどんどん薄くなってどこかで穴が開く。いったん穴が開くと表面張力により縮む力が働き、穴が広がり割れてしまう。
　それまで割れずにいられるのはなぜだろう？
　↓
・シャボン玉の膜が薄くなると表面張力が強くなって、まわりの膜を

(3) 4年生A領域の理科授業の工夫

　　引っ張り込んでもとの厚さに戻ろうとする復元力が働くから。
　その他の理由
　　・飛んでいるシャボン玉に目に見えないチリや埃が当たるから。
　　・強い光（熱）が当たって、内側と外側の温度差ができるから。
　　・毛管吸引力があるから。
●最強のシャボン玉は、台所洗剤：洗濯糊（PVA）：水＝1：5：9に、グリセリンを少量加えてできる。
●最強のシャボン玉は台所洗剤の界面活性剤の割合の多いものの方がよい（40％以上）。
●シャボン玉を作るときの管は長ければ長いほど、中の空気の流れがスムーズになるのでできたシャボン玉は壊れにくくなる。
●シャボン玉の大きさはワクの大きさで決まる。
●乾いた毛のふかふかな手袋でシャボン玉をポンポンとつくことができる。

【その他】
●シャボン玉の膜の厚さは1mmの数千分の1。
●シャボン玉の膜は表面張力があるため、いつも縮まろうとしているが、中に閉じ込められた空気が膜を押し返しているため縮まらない。
●各種素材の効果：
　　・砂糖・蜂蜜；粘りとつやが出る。また、食品を長持ちさせる砂糖の防腐性が役立つ。使う量は少なめがよい。
　　・グリセリン；シャボン玉を長持ちさせ、シャボン膜から水分が蒸発するのを防ぐ効果がある。
　　・とちの実；これを粉にして入れてみるとデンプンが入っているため、シャボン玉の伸びがよく長持ちするというグリセリンに似た効果がある。
　　・松ヤニ；これを水蒸気蒸留すると、テレピン油とロジン（固体）が得られこのロジンが粘りとつやをだす。
　　・いもがら；ジャガイモのデンプンは低い温度でものり状になるので、加えるのに適している。片栗粉でも代用が可能である。

・卵白：シャボン玉を長持ちさせる。白身にストローをつけてゆっくり吹いてもシャボン玉ができる。
●シャボン玉は約0.04秒で割れる。
●シャボン玉の色が変化するのはシャボン液が回っているからではなく、膜の厚さによってである。

学習指導計画書

1. **学習タイトル**「最強のシャボン玉を作ってみよう！」
2. **学習指導目標（ねらい）**
   各種素材の性質を考え、最強のシャボン玉を作ることができる。
   【関心・意欲・態度】
   ・児童がこれまでに見たことや遊んだことがあるシャボン玉作りを通し、素材の違いでシャボン玉の大きさ、強さ、長持ちさに違いがあることに関心をもつことができる。
   ・大きく、強く、長持ちするシャボン玉を作ることに意欲をもって取り組むことができ、最強のシャボン玉が作れたことにより喜びを感じることができる。
   【科学的思考】
   ・どうすれば大きく、強く、長持ちするシャボン玉が作れるのか、各種素材の性質を考えながらシャボン玉を作ることができる。
   【観察・実験の技能・表現】
   ・各種素材を用い、最強のシャボン玉を作ることができる。
   【知識・理解】
   ・シャボン玉作りの実験を通して、シャボン玉に使う各種素材の性質を理解することができる。
3. **観察・実験の内容**
   【最強（割れなくて大きい）のシャボン玉を作ってみよう】
   割れなくて大きいシャボン玉をグループごとに考えて自由に作る。

【材料】
はさみ、計量スプーン、紙（ビニール）コップ、針金、ストロー、紙皿、手袋、洗濯糊、台所用洗剤、グリセリン、その他

4. 授業単元の学習指導計画（全2時間）

第1時　シャボン玉の性質を理解し、最強のシャボン玉はどのようにしたらできるのか、なぜそう思ったのかなどグループで話し合い予想する。

第2時　まとめとして前回で理解したシャボン玉の性質を踏まえてグループに分かれ、最強のシャボン玉を自由に作ってみる。その際に、実験結果をグループ対抗にする。またそれを発展につなげる【本時】。

5. 本時の学習指導計画

(1) 本時の学習指導目標
・どうすれば大きく、強く、長持ちするシャボン玉が作れるのか、各種素材の性質を考えながら最強のシャボン玉を作ることができる。
・シャボン玉作りの実験を通して、シャボン玉に使う各種素材の性質を理解することができる。

(2) 本時の展開

時間	教師の活動	児童の活動	備考（評価など）
0分	はじめ（礼） ・前時の復習をする ・いくつかのシャボン玉を紹介し児童の興味を引く ・本時に行う実験について説明をする	はじめ（礼） ・前時の学習内容を思い出す ・大きく、強く、長持ちするシャボン玉の例を見る ・本時に行う実験を理解する	・前時の学習内容を理解しているか

5分	【体育館に移動】 最強のシャボン玉作りの方法を知ろう		
	・児童を体育館に誘導する ・シャボン玉を作る各種素材を並べて、実験の方法を説明する ・シャボン玉を作る上での注意することを伝える	・先生の指示に従い体育館に移動する ・シャボン玉作りの方法の説明を聞く ・シャボン玉を作る上での注意することを理解する	・安全と静寂を保って体育館に引率する ・先生の話をしっかりと聞いているか
15分	【実験】 最強のシャボン玉を作ろう		
	・グループごとの方法で最強のシャボン玉を作るように指示する ・ワークシートに材料とシャボン玉の結果を記録しておくように指示する （机間指導）	・グループごとに、どうすれば大きく、強く、長持ちするシャボン玉が作れるのか、各種素材の性質を考えながら最強のシャボン玉を作り、記録する	・各グループをまわり、必要に応じて指導や助言を行う
35分	【発表】 最強のシャボン玉が作れる方法を発表しよう		
	・各グループで一番大きく、強く、長持ちするシャボン玉が作れたときの方法を発表させる	・各グループで一番大きく、強く、長持ちするシャボン玉が作れたときの方法を発表する	・他のグループの発表をしっかりと聞いているか
40分	最強のシャボン玉作りのまとめ		
	・シャボン玉の特性を簡単に説明する	・シャボン玉の特性を簡単に理解する	
45分	終わり（礼）	終わり（礼）	

(3) 4年生A領域の理科授業の工夫　99

【〇〇市立〇〇小学校　理科　ワークシート】

最強のシャボン玉を作ってみよう！

4年　　　組　　名前＿＿＿＿＿＿＿＿＿

材料①	材料②	材料③

　　結果　　　　　　　　結果　　　　　　　　結果

材料④	材料⑤	材料⑥

　　結果　　　　　　　　結果　　　　　　　　結果

★　入れた量もメモしておくと良い
★　シャボン液は口に入らないように注意
★　ビニールシートの上で実験を行うこと

＜参考＞	＜まとめ＞

【授業者のリフレクション（振り返り）】

　この模擬授業では、児童にとって身近なシャボン玉を使って、理科というものに興味・関心をもってもらうことを重要視した。最初シャボン玉で理科にうまく結びつけられるか不安であったが、調べていくうちに全く知らなかった発見が多くあり、私自身がシャボン玉に興味をもつことができた。

　実際行った模擬授業では、大学生でも積極的に参加していた。そのため、児童であればより活発な実験になると考えた。短時間で飽きてしまう児童には、事前にシャボン玉が作れる道具を作っておき紹介して興味を引かせるように準備しておくことも必要であった。最初は遊びになってもよいが、その中でも何を目的としてこの実験を行っているかという確認をすることが大切だと感じた。また、授業のまとめを行う際に各グループの実験結果を大きな紙に書いてもらい、黒板に貼るなどして比較しやすくした方がよかったと感じた。

　学習指導計画においては、展開のところで実験を外で行うとしておいたが、実際やってみると外では風があるため困難なことが分かった。そのため、体育館で行うように改善したい。同時に、床がシャボン液で汚れてしまうという問題点をなくすために実験前に大きいビニールシートを敷き、その上で実験を工夫する必要があった。

　ワークシートでは、〈入れた量をメモしておくとよい〉と書いておいたが、模擬授業の際は計量するものがなく、ワークシートを記入するときにどう書いたらよいのか悩んでしまっていた。このようなことを改善するために、実験材料に計量スプーンを入れておいた方がよかった。こうしたことによって、ワークシートの記入も具体的になり、他のグループと比較する際にも明確にできるようになるものと考える。

　この模擬授業は、米村傳治郎の『米村傳治郎のおもしろ科学館』を中心に考えた。しかし、授業日までに割れにくいシャボン玉液を本の調合通りに作ってもなかなか成功させることはできなかった。なんとかして割れにくいシャボン玉を作ろうとして自分で発見したものは、「私が発見した自然事象」に記してあるように台所洗剤：洗濯糊（PVA）：水＝1：5：9に、グリセリンを少量加えるというものであった。しかし、本に書いてあったほど大きくて

割れにくいシャボン玉はできなかった。湿度や気温の影響もあると思うが、今度の課題は自分で発見したものより大きくて割れにくいシャボン玉を作れるようにすることだと思う。

【授業の工夫したところ（著者のコメント）】

　この授業のねらいは、児童がこれまでに遊んだことのあるシャボン玉を使った実験を行い、理科と結びつけることを通して、理科という学習を一層身近に感じ、理科に対して興味と関心をもたせることです。

① 　授業者の工夫：「最強のシャボン玉を作ってみよう！」という学習タイトルのネーミングが、まず授業者の大きな工夫点です。ただ、遊びとしてシャボン玉を飛ばせばよいのではなく、より大きくて割れにくいシャボン玉にするにはどうすればよいのかという目的を明確にしているのです。また授業者は、事前に準備をしておいた洗濯糊、台所用洗剤、グリセリンなどを子どもたちに自由に使わせ、最強のシャボン玉づくりに挑戦させています。この手法は、「自由試行」の方法とも言えます。子どもなりに様々に工夫しながら最強に近づけていくのです。自由試行の方法を取り入れたことも、自然大好きな子どもをはぐくむための授業の工夫だったと言えます。

② 　学習の発展：本授業は、4年生の単元と無理に関わらせる必要はありません。夏休みの自由研究を促す導入学習として位置づけていけばよいと思います。

(4) 4年生B領域の理科授業の工夫
―松ぼっくりの特徴―

【「季節と生物」単元の中の「植物の成長と季節」の発展学習として活用できる】

授業者：K大学、Aさん

1．私が発見した自然事象のタイトル
「植物が動く？！（松ぼっくりの特徴）」

2．自然事象の発見に至った経緯
昨年行われた教員養成特別講座で横浜市金沢区の野島探検をした時に講師の先生の話で知りました。

3．自然事象の発見の具体的な内容
松ぼっくりは若いものが小さく、古いものが広がるのではなく、水（雨）に濡れることによって、種を守るために小さくなる。

風媒花の受粉の際のリスクを少しでも避けるための植物がもっている能力である。

学習指導計画書

1．学習タイトル「植物が動く？！（松ぼっくりの特徴）」
2．学習指導目標（ねらい）
自分の周囲にある植物が動物たちと同じように生殖を行っていることに気づき、また、その特徴について考えることができるようになる。

【関心・意欲・態度】
・自分の生活の周囲にある植物が年を重ねてもあまり大きな変化をせずに毎年同じ場所に存在していることに気づき、どのようにして生殖しているかを考え、その特徴を考えることができる。

【科学的思考】
・顕微鏡で観察した花粉や実験の結果から、風媒花と虫媒花（鳥媒花）の特徴について考えることができる。

(4) 4年生B領域の理科授業の工夫　103

【観察・実験の技能・表現】
・顕微鏡を正しく使うことができる。
・実験を計画的に進め、グループ内で協力しながら進めることができる。

【知識・理解】
・植物は生殖するためにその方法によってそれぞれに特徴があるということを理解することができる。

3. 観察・実験の内容

【使用するもの】松かさ（球果）、コップ、水、紙テープ、ティッシュペーパー

【実験】松かさをコップの中に浸しておいておくと、どのように変化をするのかを観察する。

4. 授業単元の学習指導計画（全5時間）

第1時　　植物ってどうやって増えるの？
第2時　　身の回りの植物の増え方を調べよう
第3時　　虫や鳥が手伝ってくれる植物の特徴（おしべとめしべの観察）
第4時　　風媒花の特徴1　一つの植物に花が二種類ある
第5時　　風媒花の特徴2　植物が動く？！（松ばっくりの特徴）
　　　　　【本時】

5. 本時の学習指導計画

(1) 本時の学習指導目標
・松かさの実験を通して、風媒花の生殖する際のリスクについて考えることができ、自然界で成り立っている植物の生態系について理解することができる。

(2) 本時の展開

時間	教師の活動	児童の活動	備考（評価など）
0分	はじめ（礼） ・前時までに学習した風媒花と虫媒花の特徴について質問する ・本時に行う実験について説明する	はじめ（礼） ・前時までに学習した風媒花と虫媒花の特徴について確認する ・本時に行う実験を理解する	・前時の学習内容を理解しているか

時間	教師の活動	児童の活動	評価
5分	松ぼっくりの実験の予想を立ててみよう！		
	・ワークシートを配布する ・松ぼっくりのイメージを描かせる ・開いている松ぼっくりを水で濡らすとどうなるか、各自に予想を立てさせる ・班で相談して予想を立てさせる	・ワークシートを受け取る ・松ぼっくりのイメージを描く ・開いている松ぼっくりを水で濡らすとどうなるか、各自で予想を立てる ・班で相談して予想を立てる	・予想したことがワークシートにしっかりと書けているか
15分	【実験】松ぼっくりが動くことを確かめよう！		
	・開いている松ぼっくりの大きさを紙テープを用いて測定させる ・開いている松ぼっくりを入れたコップの中に入れて15分間ほど観察させる （机間指導） ・15分間経ったところで、松ぼっくりをコップから取り出させ、大きさを紙テープを用いて測定させる ・班ごとに観察結果を発表させる	・開いた松ぼっくりの大きさを紙テープを用いて測定する ・開いている松ぼっくりを入れたコップの中に入れて15分間ほど観察する （観察） ・15分間経ったところで、松ぼっくりをコップから取り出させ、大きさを紙テープを用いて測定する ・班ごとに観察結果を発表する	・開いた松ぼっくりが少しずつ閉じていくことに気づくことができるか ・ワークシートに記録が書かれているか
35分	松ぼっくりが動いた理由を考えよう！		
	・なぜ、水に浸しておくと松ぼっくりは閉じてきたのか理由を考えさせる ・発表させる ・理由を説明する	・なぜ、水に浸しておくと松ぼっくりは閉じてきたのか理由を考える ・発表する ・理由を知る	・コップの水を自然界の雨と認識できるか
45分	終わり（礼）	終わり（礼）	

(4) 4年生B領域の理科授業の工夫 105

【授業時に児童に提示した写真】

マツの雌花

マツの雄花

マツの種子

【○○市立○○小学校　理科　ワークシート】

4年　組　名前

植物が動く？！

・まつぼっくりのイメージを絵に描いてみよう！

実験方法
　実験の目的：まつぼっくりがぬれる前とぬれた後で周囲の長さが変わるのかどうかを紙テープの長さで比較してみよう！
　① まつぼっくりの大きさに合わせて紙テープに穴を開ける。
　② 紙テープをまつぼっくりからはずして、水に十分ぬらした後、水のはいっているコップの中に入れよう。
　③ 15分位したらコップの中からまつぼっくりを出して、さっき使った紙テープで①と同じことをしてみよう。
　④ 紙テープの長さに変化があったか確認してみよう。

Q、まつぼっくりをぬらすと・・・？
予想（1人で考えよう）

班で予想をまとめて発表しよう

結果

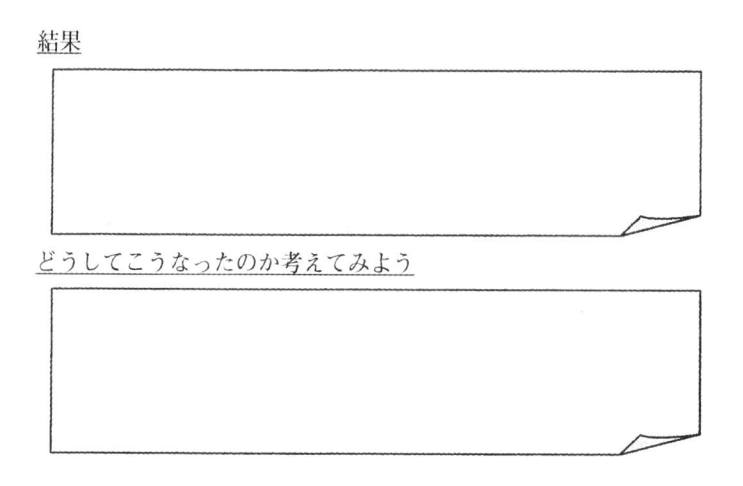

どうしてこうなったのか考えてみよう

今日の振り返り　○をつけて今日の授業を振り返ろう！
・先生、友達の話をしっかりと聞けた。　　　　できた・まぁまぁ・できなかった
・班で協力して実験できた。　　　　　　　　　できた・まぁまぁ・できなかった
・新しい発見をすることができた。　　　　　　できた・まぁまぁ・できなかった
・風媒（ふうばい）花の特徴を予想できた。　　できた・まぁまぁ・できなかった
・今日の授業を楽しく受けられた。　　　　　　できた・まぁまぁ・できなかった

まとめ・感想

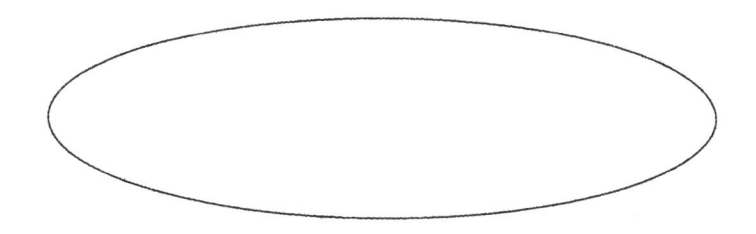

【水に濡れて松かさが閉じていく様子】

(4) 4年生B領域の理科授業の工夫　109

【授業者のリフレクション（振り返り）】

　模擬授業を担当する日付が最終日であるということで、それなりのプレッシャーがあったが、他の学生の発表を見て沢山のことを学んだ上で自分の模擬授業に臨むことができたので、その点ではよかったなと思うことができた。私が模擬授業をする際に一番不安をもっていたことは、聞いてくれていないときの対処の仕方だった。普段の自分では友達と話しているときでも聞き役でいることが多く、相手に「聞いて」ということを要求することはほとんどないというのが現状であり、その点においての不安が最も大きかった。しかし、いざ自分が児童役の学生の前に立って授業をしたときは自分が伝えようとしていることを見てほしいという思いが強くなり、自然とこっちに目線を向けてもらうような言葉をかけることができた。相手は同じ大学生ではあったのだが、松ぼっくりの種の付いている位置だったり、大きさが変化することを実感してくれたときの新鮮な反応はとても嬉しいものだった。

　模擬授業を「理科」の授業でやると言われたたときには、正直否定的な感情しか抱けなくて不安だらけであったが、模擬授業を終えた今では、1年生のうちからこのような体験ができ、しかもテーマ設定も自由だったということで本当に貴重な体験ができたのではないかと思うことができた。

●反省点
　・はじめのうちは緊張と恥ずかしさで児童たちの顔を見ることができなかった。
　・児童たちに写真を提示する際に、手に持って見せた後すぐに机においてしまった。
　・紙テープで松ぼっくりの周囲の長さを計る時に、しっかりとした目的を明言せずに作業だけを急いでしまったために、児童たちが理解をする前にただ作業だけを進めてしまった。
　・実験の間の時間を利用せずに、実験がすべて終了してから結果やその理由について児童たちに考えさせた方がよかった。
　・ワークシートの予想の部分をやることを忘れて授業を進めてしまった。

●教材や指導計画の改善方向性
　まず、十分な自信を持てるようにした上で授業に臨むことができるよう

にしておく。児童たちは学生と比べるとはるかに純粋であるがゆえに、先生が不安であったり緊張していたりということを敏感に感じ取ってしまうため、配慮が必要である。

　写真などの資料を授業中に提示する際には一度見せたら伏せて机においてしまうのではなく、黒板に貼るなどして児童の目に見えるところにおいておくようにする。そのためにはもっと綿密な板書計画と、写真の大きさが必要であるから、そのことも考えて資料は用意する必要がある。

　実験の際に、児童が何をしているの分からないという状態は一番つらいということが分かった。そのため、実験の方法を説明する際には、まずワークシートになぜその作業をする必要があるのかを明記するようにする。そして、口頭で説明する際には、初めての説明をしながら一緒に作業をするのではなく、ワークシートに書いてあることを読み上げながら全体の流れを確認し、その際になぜその作業をするのかということが分かるように、全体の学習の流れの中でどのように必要な作業なのかを確認しながら進めるようにしていきたい。

　授業時間が限られてしまっているということであせって、児童の新たな発見に対する実感よりも先に説明をしてしまった。児童たちがしっかりと実感をすることができたという確認をした後に、なぜそうなったのかという予想を立てさせた方が児童の印象にも強く残るだろうと思った。

　ワークシートで流れを崩さないようにと思っていたのに、授業内で重要度の高い予想の部分をやり忘れてしまった。しっかりと教師もワークシートを読みながら授業を進めるようにするべきだと思った。

【授業の工夫したところ（著者のコメント）】

　この授業のねらいは、児童がこれまでに見慣れている松ぼっくりを使った実験を行い、雨に濡れる際には種子を守るためにかさを閉じることなどを確認し、風媒花の植物の生殖に関する特徴を理解させることです。

① 授業者の工夫；「植物が動く？！（松ぼっくりの特徴）」という学習タイトルのネーミングは、児童を驚かせ、学習に興味をもたせるのに十分な魅力あるタイトルです。その上で、子どもが小さな頃から見たり触れたりしている、そして、まさか動くとは思っていない松ぼっくりが、水に濡れるとかさを閉じ小さくなるという、驚きと不思議さの世界に導いた教材自体が授業者の大きな工夫点です。さらに、授業者は、かさが開いた状態の松ぼっくりに水を濡らしたとしても、短い授業時間内では目に見えて十分にかさが閉じるまではいかないことを事前の実験で把握していました。そのため、松ぼっくりの周囲の長さを紙テープを用いて測定させたところも授業の工夫点だと思います。

② 学習の発展；本授業は、「季節と生物」単元の中の「植物の成長と季節」の発展学習に位置づけていくことが可能です。是非、発展学習などの授業で取り上げてもらいたい実験だと思います。

(5) 5年生A領域の理科授業の工夫
―ひんや〜り冷たい保冷剤の不思議―

【「物の解け方」単元の発展学習として活用できる】

授業者：K大学、Nさん

1. **私が発見した自然事象のタイトル**

　　「ひんや〜り冷たい保冷剤の不思議」

2. **自然事象の発見に至った経緯**

　　テーマが身近な物質・エネルギーなのでどうしても科学的な考えになりがちで、小学生対象の授業の内容としてはどうなのかと悩み、模擬授業の内容の決定には時間がかかりました。始めはドライアイスを使用しての模擬授業にしようと思ったのですが、ドライアイスは長期間保存がきかないので考え直し、保冷剤に行き着きました。

　　保冷剤の中身は何なのか考えたこともなかったので、この機会に調べてみたいと思ったのがきっかけです。

3. **自然事象の発見の具体的な内容**

　　普段生活している中では、保冷剤を開けて中身を出すということはありません。中身を調べて特徴を発見しようと思いました。自分で実験をしてみて、加える液体の量がどのくらいがよいのかはじめは戸惑いました。みなさんも、実験をしてみて保冷剤の中身は何なのか実際に体験し感じ取ってみてください。

(5) 5年生A領域の理科授業の工夫　113

【ひんや〜り冷たい保冷剤の不思議】
（保冷剤の中身＜ポリマー＞に水などの液体を入れた結果）

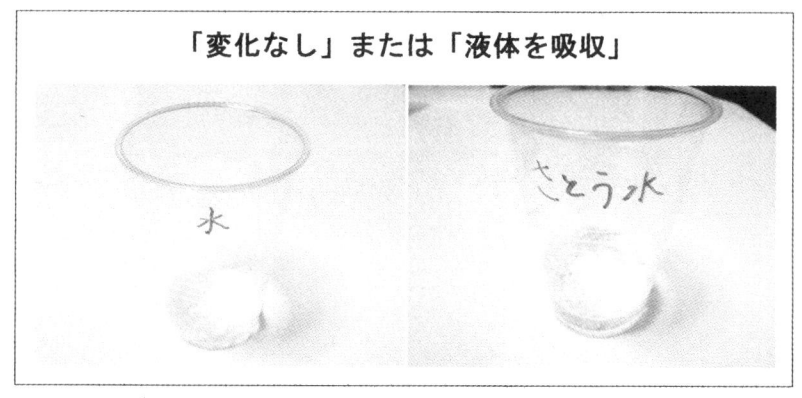

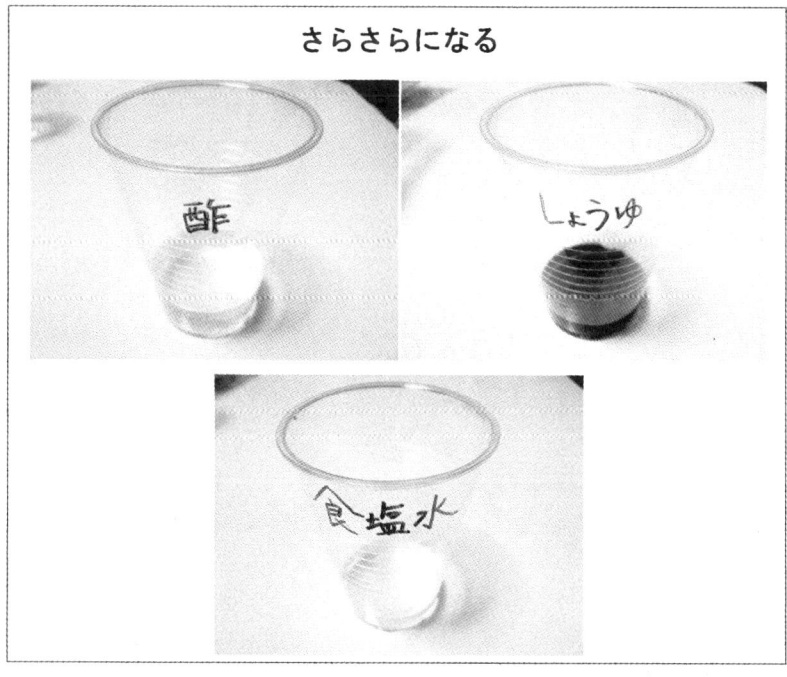

「変化なし」または「液体を吸収」

水

さとう水

さらさらになる

酢

しょうゆ

食塩水

学習指導計画書

1. **学習タイトル**「ひんやーり冷たい保冷剤の不思議」
2. **学習指導目標（ねらい）**

    保冷剤の中身を、実際に観察・実験し、中身は一体何なのか自分たちで考え、私たちの身近にある物質に興味をもつことができるようになる。

    【関心・意欲・態度】
    ・保冷剤というもの自体は誰もが見たことはあるが、その中身はあまり知られていないので、自分の予想を立て、実際に中身を見て検証してみることで関心をもつことができる。

    【科学的思考】
    ・保冷剤の中身に、水など様々な液体を入れ、その結果に基づいて保冷剤の中身は何なのか、またどのような特徴があるのかを考えることができる。

    【観察・実験の技能・表現】
    ・保冷剤の中身に様々な液体を入れることによって、変化を観察することができる。

    【知識・理解】
    ・保冷剤の中身が水をたくさん吸い込むということを理解することができる。
    ・水、食塩水、砂糖水、醬油を加えたときの変化がそれぞれ違うことを理解することができる。
    ・身の回りにも同じような性質をもったものがないか考え知識を深めることができる。

3. **観察・実験の内容**

    【使用するもの】容器（透明のものが観察にふさわしい）、保冷剤（凍らせていない状態）、水、食塩水、砂糖水、酢、醬油、割りばし

    【実験の手順】
    ・容器に入れた保冷剤の中身に水を加える（程度に合わせて水をさらに加える）。

・水以外の液体を入れ変化を観察する。

4. 授業単元の学習指導計画（全1時間）

第1時　　保冷剤の中身の特徴を実験から考え、発表してみよう
　　　　　【本時】

5. 本時の学習指導計画

(1) 本時の学習指導目標
・手順を守り実験をし、変化を調べることができる。保冷剤の中身の特徴を発見することができる。

(2) 本時の展開

時間	教師の活動	児童の活動	備考（評価など）
0分	はじめ（礼） ・保冷剤を児童に見せる ・どのようなときに見たのか考えさせ、答えさせる ・保冷剤の中身は何なのか予想させ、ワークシートに書かせる	はじめ（礼） ・保冷剤を見る ・ケーキを買ったときについていたなど考え、見た経験を答える ・保冷剤の中身は何なのか予想し、ワークシートに書く	・凍らせていない状態の保冷剤を準備する
10分	【実験】保冷剤の中身に水を加えてみよう		
	・実験に必要な物を取りに来させる ・実験方法や手順、注意点を説明する ・保冷剤の中身に水を加えるとどうなると思うか予想を立てさせる ・実験を行い、保冷剤の中身がどのようになったかを観察させ、記録させる	・実験に必要な物を取りに行く ・実験方法や手順、注意点を理解する ・保冷剤の中身に水を加えるとどうなると思うか予想を考え、ワークシートに書く ・保冷剤の中身に水を加えると、さらさら、そのまま、どろどろのどの状態になったのか観察し、記録する	・保冷剤の中身に水を加えたときの状態を観察できているか

時間			
25分	【実験】保冷剤の中身に食塩水、砂糖水、酢、醤油を加えてみよう		
	・保冷剤の中身に食塩水、砂糖水、酢、醤油を加えると、どうなるか実験を行わせる ・実験から気づいたことや分かったことをワークシートに記入させる	・保冷剤の中身に食塩水、砂糖水、酢、醤油を加えると、さらさら、そのまま、どろどろのどの状態になったのか観察し、記録する ・実験から気づいたことや分かったことをワークシートに記入する	・保冷剤の中身に食塩水などを加えたときの状態を観察できているか
35分	実験のまとめをしよう		
	・気づいたことや分かったことを発表させる ・保冷剤の中身について説明する ・保冷剤の中身と同じ物を使った身の回りの品物を考えさせる ・次時の予告をする	・気づいたことや分かったことを発表する ・保冷剤の中身を知る ・保冷剤の中身と同じ物として紙おむつや携帯用トイレなどにも利用されていることを確認する ・次時の学習内容を知る	・ポリマーという粉状の物質が水をたくさん吸い込んでゼリー状になったものが保冷剤である
45分	終わり（礼）	終わり（礼）	

【授業者のリフレクション（振り返り）】

　はじめての模擬授業でとても緊張したことを覚えています。児童に自分の伝えたいことが伝わるかどうか、反応してくれるだろうか、理解してくれるだろうかなど心配でした。しかし、児童たちが、「すごい」や「へえー」などと反応してくれ、私の緊張はほぐれました。こういった反応は、とても嬉しい思いがしました。自分で前もって話すことの台本を作っておいたので、授業はスムーズに進んだと思います。

　反省するべき点は、最後の解説でした。小学生相手に、電解質や電解という言葉を、どう解説するかに戸惑ってしまいました。難しい言葉をむやみに使っても、児童は興味をもってくれないので、何て言ったらいいのか迷い、解説が曖昧になってしまった部分がありました。模型を使って説明をすれば、児童に伝わりやすくなるという宮下先生からのアドバイスを受けたので、参

考にしたいと思いました。小学生相手なので、塩分を入れたので保冷剤がさらさらになったと言うだけでもよいということも分かりました。さらに、最初に授業タイトルを黒板に書くことを忘れてしまったので気をつけたいです。
　このアドバイスを生かして指導計画を改善したいと思いました。

【授業の工夫したところ（著者のコメント）】
　この授業のねらいは、保冷剤の中身を実際に観察・実験することにより、中身がどのようなものでできているのかを考察し、生活の中の身近にある物質に対して興味と関心をもたせ、理解させることです。
① 授業者の工夫：子どもの大好きなケーキやアイスクリームをお店で買うと、よく保冷剤を入れてくれます。正に生活の中で活用している物質を科学させようとしたこと自体が授業者の大きな工夫点です。ところで、保冷剤の中身の多くは、化学物質を合成させて作られたポリマーという物質に水を含ませたものです。ポリマーそのものは粉状ですが、この粉は水をたくさん吸い込むことができるため、紙おむつや携帯用トイレなどにも利用されています。水を吸い込んで、ゼリー状になったものが保冷剤の中身というわけです。授業者は、まず水を保冷剤の中身（ポリマー）に吸い込ませても、変化のないことを確認させます。その上で、酢、醤油、食塩水などの液体を吸い込ませ、ポリマーに変化が生じないのか実験により水の場合と比較させながら確認させています。こうした実験の過程も自然大好きな子どもをはぐくむための授業の工夫だったと言えます。
② 学習の発展：本授業は、「物の溶け方」単元の発展学習に位置づけていくことが可能です。生活の身近なものを科学させるという点で是非、発展学習などの授業で取り上げてもらいたい実験だと思います。

(6) 5年生B領域の理科授業の工夫
―水の力を知ろう～水の侵食～―

【「流水の働き」単元の中の「川の上流・下流と川原の石」の学習として活用できる】

授業者：K大学、Sさん

1. **私が発見した自然事象のタイトル**
   「水の力を知ろう！ ～水の侵食～」
2. **自然事象の発見に至った経緯**
   ・上流から下流へ行くにつれて、川原の石の様子が変わっていく写真をインターネットで調べていたら、実験で石が丸みを帯びていく様子が分かるということを知りました。
3. **自然事象の発見の具体的な内容**
   ・川に、何気なくある石もよく観察すると、どれも丸みを帯びています。
   ・川の石は、水の力、河床でのバウンド、風の影響などによって削られ丸くなっていきます。
   ・実験では、ペットボトルの中の水が川の水、ペットボトルの壁が河床の役目になっています。
   ・川の石は、園芸用の吸水スポンジで代用します。

学習指導計画書

1. **学習タイトル**「水の力を知ろう！ ～水の侵食～」
2. **学習指導目標（ねらい）**
   　　地面を流れる水や川の様子を観察し、流れる水の速さや量による働きの違いを調べ、流れる水の働きと土地の変化の関係について考えをもつことができるようになる。
   【関心・意欲・態度】
   ・川を流れる水や河床の様子に興味をもち、それらの働きを予想、検証

できる。

【科学的思考】
・下流に行くにつれて石が丸みを帯びていくことと、水の働き、河床の様子を関連させて考えることができる。

【観察・実験の技能・表現】
・実験によってスポンジが丸みを帯びていくことを観察することができる。
・実験前、実験後のスケッチで特徴をとらえてスケッチすることができる。

【知識・理解】
・石が川の下流に行くにつれて丸みを帯びることは、水の影響が大きく、他にも河床や風にも影響されることを理解できる。

3. 観察・実験の内容

【使用するもの】ペットボトル、園芸用吸水スポンジ、水

【実験】ペットボトル全体の8割ほどの水を入れ、計600回振り、0回・200回・400回・600回振った物をスケッチし、園芸用吸水スポンジの全長を計測する。

【演示】実験と同じ方法で0回・200回・400回・600回振った物を用意しておき上流、中流、下流の例として児童に演示する。

4. 授業単元の学習指導計画（全1時間）

第1時　　川の周りを調べよう

第2時　　水の力を知ろう【本時】

第3時　　水の力で川が変化している

（堆積や侵食、大雨による増水、また水害の恐ろしさを学習する）

5. 本時の学習指導計画

(1) 本時の学習指導目標

・実験により大きく長い川が固い石を削るような水の力を身近に感じることができる。

・水の力を知る実験が簡単にできることを実感できる。

(2) 本時の展開

時間	教師の活動	児童の活動	備考（評価など）
0分	はじめ（礼） ・川に観察に行った時の河原の石の様子を思い出させる	はじめ（礼） ・川に観察に行った時の河原の石の様子を思い出す	・前時に川に行けない場合には、遠足時などを思い出させる
5分	\川の上流・中流・下流に見られる石の様子を確認しよう		
	・川の上流・中流・下流の河原や石の様子を児童に見せ黒板に貼る ・川の上流・中流・下流の石の違いについて考えさせ、発表させる	・川の上流・中流・下流の河原や石の様子を確認する ・川の上流・中流・下流の石の違いについて考え、発表する	・石の大きさ、丸みの違いが理解できているか
10分	【実験】ペットボトル、園芸用吸水スポンジ、水を使った侵食の実験		
	・ペットボトル、園芸用吸水スポンジ、水を使ってどのように実験をすればよいのか班ごとに考えさせる ・実験方法を発表させる ・水とスポンジを入れたペットボトルを振る前と、200回・400回・600回振った時のスポンジの様子をスケッチさせ、スポンジの全長を計測することを説明する （机間指導） ・実験結果を班ごとに発表させる	・ペットボトル、園芸用吸水スポンジ、水を使った実験方法を班ごとに考える ・実験方法を発表する ・先生の説明を聞き、実験方法を理解する ・実験を開始する （観察） ・実験結果を班ごとに発表する	・実験方法をしっかり考えることができるか ・園芸用吸水スポンジは2cmほどの立方体にしておくとよい ・園芸用吸水スポンジが小さくなり、丸くなっていることに気づいているか

(6) 5年生B領域の理科授業の工夫　121

40分	実験のまとめをしよう		
	・実験では、ペットボトルの中の水が川の水、ペットボトルの壁が河床、園芸用吸水スポンジが河原の石の役目になっていたことを説明する	・先生の説明を聞き、実験の意味を理解する	・ペットボトル、水、園芸用吸水スポンジの実験上の役目が理解できているか
	・川の水の力について感想を聞く	・感想を発表し、ワークシートに書く	・川の水の力を体感できたか
	・次時の予告をする	・次時の学習内容を知る	
45分	終わり（礼）	終わり（礼）	

実験前の園芸用スポンジ　　　ペットボトルを振っている様子

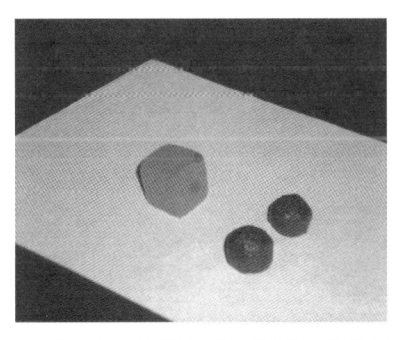

ペットボトルを200回、400回、600回振ったときの園芸用吸水スポンジの形状

【授業者のリフレクション（振り返り）】

　自分が模擬授業をするときは、そのための準備がとても大変で、「本当の小学校の先生たちは、こんなことを毎回やっているなんて本当に大変な仕事だな」と感じました。しかし、将来本当の先生になれたら、児童たちのために一生懸命に毎回作っていこうと思いました。

　模擬授業の最初は以外に緊張しましたが、児童役の皆とのやり取りのうちに慣れて、自分なりには落ち着いて授業を進められたと思います。

　模擬授業後の先生の講評は、「実際に川に行って自分の写っている写真を撮って、児童に提示するとよい」ということでした。自分が映っていることに対して、確かに児童たちは「本当に行ってきたんだ。だからこういう所が本当にあるんだ。」と感じると思うし、何よりこの授業のために川まで写真を撮りに行くという熱意が児童たちに伝わるのではないかと思いました。

　自分なりに反省した点は、やはり川の写真を自分で撮りに行けなかったこと、また川の石を取ってくるなどして児童たちに実際のものを見せられなかったこと、班の意見が個人の意見になっていないか、児童一人ひとりが考えて出している意見なのかということを考えていなかったことなどがあると感じました。これらについては、一つの授業を作ることの大切さや、授業に対する熱意がまだまだ足りないというところに原因があると思うので、将来の教員になるんだという強い気持ちをもって取り組んでいきたいと思いました。また模擬授業や実習を行う機会にはこのことを思いだし意識していきたいと思います。

【授業の工夫したところ（著者のコメント）】

　この授業のねらいは、川原の石は川の上流から下流に行くに従い丸みを帯びることを、実験を通して理解させることです。

① 授業者の工夫：何といっても川の流水の力を再現するためにペットボトルと水を用い、角張った石の変わりに立方体に切った園芸用吸水スポンジを用いて、教室内での実験に仕上げた点が大きな工夫点です。そして、川の上流、中流、下流での石の形の変化を理解させるために、ペットボトルの水を200回、400回、600回振った時点での形や大きさを観察・測定させ、それぞれを比較させています。こうした実験の過程も自然大好きな子どもをはぐくむための授業の工夫だったと言えます。ところで、「川の上流・下流と川原の石」の学習単元では、野外に児童を連れ出し、実際の川の様子を観察させることが重要です。こうした野外学習に加えて、園芸用吸水スポンジを用いた実験を行うことにより、一層しっかりとした自然認識をはぐくむことになるものと考えます。

② 学習の発展：本授業は、「流水の働き」単元の中の「川の上流・下流と川原の石」の発展学習に位置づけていくことが可能です。流水の力を調べる手ごろな実験ですので、発展学習だけではなく、是非、この単元の授業の中で取り上げるとよいと思います。

(7) 6年生 A 領域の理科授業の工夫
―コーラの不思議―

【「水溶液の性質」単元の発展学習、そして「土地のつくりと変化」単元の中の「火山や地震による土地の変化」の導入学習や発展学習として活用できる】

授業者：M大学、I さん

1．私が発見した自然事象のタイトル
「コーラの不思議」

2．自然事象の発見に至った経緯
幼い頃、私の家庭ではコーラやその他の炭酸水は体に悪いからと飲むことが禁止でした。「コーラが飲みたい」と言う私に、母は「コーラとか飲むと骨が溶けちゃうからダメ」と言っていました。

今回、模擬授業のテーマを「身近な物質」で行うと決まった時に、何か身近なもので実験できないかと考えました。そして、昔母に言われていたことを思い出し、本当にコーラで骨は溶けるのだろうか検証してみようと思い、今回の発見に至りました。

また、メントスとコーラの爆発実験に関しては、コーラについて調べていくうちに、このような実験ができることを知り実際に行ってみました。

3．自然事象の発見の具体的な内容
【発見1】 コーラ（炭酸飲料水）で骨は溶けない！

理由：コーラなどの炭酸飲料水（炭酸水）は、二酸化炭素（CO_2）を水（H_2O）に溶かしたものである。そのため炭酸飲料水（炭酸水）には炭酸（H_2CO_3）が含まれ、弱酸性を示す。また、骨や歯の主成分であるカルシウムはリン酸と結合しており、酸に溶ける特性をもっている。よって、コーラ（炭酸飲料水）は骨や歯を溶かす！！

・コーラなどの炭酸飲料水は骨を溶かす可能性はあるが、リン酸と結合したカルシウムを溶かすには、強い酸性が必要である。

・もしも、炭酸飲料水で骨や歯が溶けるならば、他の酸性の飲み物や果糖類でも骨や歯が溶けるはず！？

○コーラ（炭酸飲料）で骨や歯が溶けると言われている理由
　　炭酸飲料水は酸性が弱いため、骨や歯を溶かすには十分ではない。また、骨や歯に触れるのは実際短時間であり、コーラを飲んで骨や歯が溶けることはまずあり得ない。
　「コーラで骨が溶ける」と言われているのは、コーラに含まれているたくさんの糖分が虫歯の原因になることから、「歯が溶ける」と言われている。また「骨が溶ける」というのは、虫歯を予防するために、「歯が溶ける」が誇大表現されたためである。

【発見2】　コーラで爆発実験が出来る！（メントスガイザー）
「なぜ、メントスを入れると爆発的にガスが発生するのか？」
理由：1. メントスをコーティングしている物質のアラビアゴムには界面活性剤のような作用がある（アラビアゴムとは食品添加物の一種であり、アイスクリームなどに多く入っているものである）。
　2. メントスの表面には無数の孔が開いており、これが気泡発生を促す。
　3. メントスは水より重い。

○メントスガイザーの流れ
・メントスをコーラに入れると、メントスを覆っているアラビアゴムは溶解性が高く、すぐにコーラに溶ける。
・アラビアゴムは水の張力を弱めるように働く。ガスを閉じ込めていた水分子同士の結合が弱まる。

↓

・メントス表面には無数の孔（核生成サイトと呼ばれる）が開いており、ガス気泡を発生させるには最適の場所となっているため、メントス周囲に大量の気泡が形成される。

↓

・発生したガスはペットボトル内のコーラを激しく押しのける。その結果ガスが大量に発生する。

↓

・メントスは重いので、泡にあおられつつもコーラの底の方に沈もうとする。結果ガスがなくなるまで反応が持続する。

↓

・水分子は互いに強く引き付けあい連結して、コーラの中の二酸化炭素の泡一つ一つを囲む網を形成している。二酸化炭素が新しい泡を形成するためには、水分子がこの網目から押し出されて離れなくてはならないが、それにはこの表面張力を破るための余分のエネルギーが必要になる。メントスがコーラの中に落とされると、メントスに含まれるゼラチンやアラビアゴムが溶けて、界面活性剤となり表面張力を低下させる。これが水の網の目を乱し、新しい泡が生成し拡大するために必要なエネルギー量を減らす。そしてそれぞれのメントスには、その表面のいたる所に何千というごく小さい穴が存在する。これらの微小な穴が二酸化炭素の泡を作るには最適な場所として作用する。メントスは速やかに底に落ちるが、その途中で触れたコーラから二酸化炭素を放出させる。こうして圧力が突然増加し、液体のすべてが瓶から吹き上げ押し出されるという流れである。

【参考 URL】
・Wikipedia・メントス　http://ja.wikipedia.org/wiki
・ざらつく舌　http://guruguruguruguru.seesaa.net/
・BioWoeld　http://www.kyowa.co.jp/bioworld/BioQA/index.html
・科学のつまみ食い　http://www.kagaku.info/
・金井智之「コーラ噴火実験マニュアル」　http://mechibonn.blog62.fc2.com/blog-category-26.html

学習指導計画書

1. **学習タイトル**　　「コーラの不思議」
2. **学習指導目標（ねらい）**

　　児童の身近なものであるコーラ。一般的に言われている「コーラを飲むと骨が溶ける」ということが本当かどうかを実証してみることで、児童に水溶液の単元に興味をもつきっかけとする。また、実験やコーラの

爆発実験を通して、理科の単元内容を身近に感じるとともに、理科に興味や関心をもつきっかけとする。

【関心・意欲・態度】
・児童の身近なコーラを用いた実験を通して、理科の単元内容を身近に感じるとともに、理科に興味や関心をもつことができる。
・コーラを用いた実験を通して、「水溶液の性質」単元の学習内容に興味や関心をもつことができる。

【科学的思考】
・コーラによって骨が溶けるのかどうか考えることができる。

【観察・実験の技能・表現】
・コーラに鮭の骨、鳥の軟骨などを漬けることにより、コーラで骨が溶けるのか調べることができる。

【知識・理解】
・コーラに鮭の骨、鳥の軟骨などを漬けても、骨が溶けないことを理解できる。

3. 観察・実験の内容
　　【実験1】コーラに鮭の骨、鳥の軟骨などを漬けることにより、本当にコーラで骨が溶けるのか調べる。
　　　　【教具】ワークシート、コーラに漬けた鮭の骨と鳥の軟骨、コーラに漬けていない鮭の骨と鳥の軟骨
　　【実験2】コーラとメントスによる爆発実験を実演（演示）する。
　　　　【教具】500mlのコーラ、メントス、ワークシート

4. 授業単元の学習指導計画（全2時間）
　　第1時　　（水溶液単元の続きとして）
　　　　　　班ごとに、鮭の骨と軟骨を観察した後、それらをコーラに漬ける
　　第2時　　前時に漬けた骨を班ごとに観察し、何か変化はないか調べ、発表する。また、コーラを使った爆発実験を教師による実演を行う【本時】

5. 本時の学習指導計画

(1) 本時の学習指導目標
・コーラを飲むと骨が溶けるかどうか、自分の目で確かめることができる。
・身近なものでも、様々な化学変化が起きることに興味をもつことができる。

(2) 本時の展開

時間	教師の活動	児童の活動	備考（評価など）
0分	はじめ（礼） ・前時の復習をする ・本時の授業では、【実験1】で、前時にコーラに漬けておいた骨に変化がないか観察すること、【実験2】でコーラを使った爆発実験を行うことを伝える	はじめ（礼） ・前時の学習内容を思い出す ・本時の【実験1】と【実験2】の学習内容を聞き、興味をもつ	・前時の学習内容を理解しているか
5分	【実験1】 コーラで骨が溶けるのか調べてみよう		
	・前時にコーラに漬けておいた鮭の骨と鳥の軟骨と、コーラに漬けていない鮭の骨と鳥の軟骨を班ごとに準備させる ・コーラに漬けておいた骨と漬けていない骨とを比較しながら観察させる ・気づいたことをワークシートに書かせ、発表させる	・前時にコーラに漬けておいた鮭の骨と鳥の軟骨と、コーラに漬けていない鮭の骨と鳥の軟骨を班ごとに準備する ・コーラに漬けておいた骨と漬けていない骨とを比較しながら観察する ・気づいたことをワークシートに書き、発表する	・骨の形に変化はないが、骨の色や硬さに変化が現れることに気づくか

(7) 6年生A領域の理科授業の工夫　129

25分	【実験2】 コーラを使った爆発実験の様子を見てみよう			
	・教室の床が汚れるので、校庭に出るように指示する ・コーラとメントスによる爆発実験を実演（演示）する ・コーラにメントスを加えるとどのようになるのか、実験結果をワークシートに書かせる ・この実験は火山の噴火を再現していることを説明する	・校庭に移動する ・コーラとメントスによる爆発実験の様子を興味をもって観察する ・コーラにメントスを加えた実験結果（気づいたこと）をワークシートに書く ・この実験は火山の噴火を再現していることを知る	・500mlのコーラとメントスを準備する ・コーラの爆発実験を通して、火山の噴火に興味と関心をもたせることができるか
40分	コーラのもつ性質をまとめよう			
	・コーラのもつ性質について説明する ・授業の感想をワークシートに書かせる	・コーラのもつ性質について知る ・授業の感想をワークシートに書く	・先生の話を聞いているか
45分	終わり（礼）	終わり（礼）	

【授業者のリフレクション（振り返り）】

　私が行ったコーラの実験では、一般的に言われている「コーラで骨が溶ける」という言葉の真相を実証することができた。始めは、実験することを面倒くさく感じていたが、いざ行ってみると骨が少しずつ変化していく様子が面白く、楽しく実験を行うことができた。私自身、実験を行う前の予想では、骨をコーラに漬けることで小骨が溶けると予想した。しかし、実際実験を行ってみると、骨の形に変化はなく色や骨の硬さに変化が現れた。予想とは違った結果を得られたが、改めてコーラ（炭酸飲料）は体によくないということを知ることができた。

　また、コーラの爆発実験は、インターネットで見つけて興味をもったので模擬授業で行った。なぜコーラにメントスを入れると爆発するのかという部分では、科学的にもまだ実証されていないので、明確な説明はできなかったことが反省点である。しかし、身近なものでこのような実験ができることを知り、私自身がとても驚いた。そして、児童に理科に対する興味をもってもらうという点では、児童役の学生も私自身も十分に楽しめたのでよかったのではないかと思った

【授業の工夫したところ（著者のコメント）】

　この授業のねらいは、コーラを飲むことによって骨が溶けるかどうかを実験によって確かめることです。さらに、コーラの爆発実験を通して、火山の噴火に興味と関心をもたせることです。

① 授業者の工夫：授業者は身近な自然事象からの発見として、飲料水の「コーラ」に目を向けました。1点目の工夫は、コーラを飲むと本当に骨が溶けてしまうのだろうかの疑問のもとに、自分なりに調べ実験化したことです。また、2点目の工夫は、コーラの爆発（噴火）実験を取り入れた授業を構築したことです。ところで、このコーラの爆発（噴火）実験は、身近なコーラを用いて火山現象を再現できるというものです。その再現とは、マグマの中には水が溶けています。その水は地震などの刺激を受けることによって水蒸気となり、体積が約1000倍に膨張します。その体積の膨張により爆発的な噴火が起こるというものです。コーラには炭酸が含まれており、その炭酸は何らかの刺激を与えると炭酸ガスとなり、火山の噴火と同じように噴出するのです。

② 学習の発展：本授業は、「水溶液の性質」単元の発展学習として、また、「土地のつくりと変化」単元の中の「火山や地震による土地の変化」の導入学習や発展学習に位置づけていくことが可能です。

(8) 6年生B領域の理科授業の工夫
　　ー土は自然の魔法使いー

【「土地のつくりと変化」単元の中の「土地の構成物と地層の広がり」の導入学習として活用できる】

授業者：M大学、Kさん

1．私が発見した自然事象のタイトル
　　「土は自然の魔法使い」

2．自然事象の発見に至った経緯
　　小さい頃から私たちの身近にある土。泥遊びをしたり、植物を植えたり…。様々な場で触れ合うことがある土だが、土にはどのような性質があるのか。また、土と砂にはどのような違いがあるのか。身近であるが、その正体はあまり知らない土を、実際に触れて調べてみた。

【参考文献】
「土の絵本　土とあそぼう」，日本土壌肥料会編，農文協.
「さぐれさぐれ土のひみつ」，地学団体研究会編，大月書店.

3．自然事象の発見の具体的な内容
【電気を帯びている土】
　　土と砂に色水をろ過させる実験を行うと、土をろ過した色水は砂をろ過した色水よりも薄くなる。これは、色水が粘土を通るときに、色素を吸いつけられてしまうためである。これを吸着という。
　　土の中の細かな粘土鉱物の表面はマイナスの電気を帯びている。色素はプラスの電気をもっているため、マイナスの粘土鉱物の表面に吸着し、水の色が薄くなったのである。
　　吸着を利用して、土は様々な養分を蓄え、それを植物の根に与えているのである。

【土は雨水のろ過装置】
　　雨水は森林の土壌を通り、様々な物質を吸着ろ過して分解を行うので、きれいな水がろ過されるのである。森林が破壊されると地表面を流れる水が多くなって、水がろ過されなくなる。そして、土砂崩れなどが起こる。

しかし、土は有害物質まで吸着してしまう性質ももっている。"イタイイタイ病"は、カドミウムという物質を吸着した土を使って栽培した米を食べた人に発症したとされている。

学習指導計画書

1. **学習タイトル**「土は自然の魔法使い」
2. **授業単元の学習指導目標（ねらい）**

　　第6学年の「C 地球と宇宙」で、土地の構成物や地層の広がりやでき方を学習する。本時ではその導入として、身近にある土の今まで知らなかった性質を学習し、自然界での土の役割を捉えることができるようにする。そして、土地のつくりに興味・関心をもって積極的に学習できることを目標とする。

【関心・意欲・態度】
・積極的に実験に参加し、土や砂の違いを理解し、まとめることができる。

【科学的思考】
・実験結果の理由を追究し、土の性質を科学的に考察することができる。

【観察・実験の技能・表現】
・身近な土の性質や違いについて考えることができる。

【知識・理解】
・身近な土の性質を学び、自然界では土は重要な役割を果たしているということが理解できる。

3. **授業単元の学習指導計画（全8時間）**

　　第1時　　土と砂の違いを発見しよう【本時】
　　第2時　　土地はどのようなものでできているか探ろう
　　第3・4時　地層のでき方を調べよう
　　第5・6時　私たちの住む土地を調べよう
　　第7時　　火山による土地の変化を学ぼう
　　第8時　　地震による土地の変化を学ぼう

4. 学習教具の内容

実験ワークシート、漏斗とビーカー（ここではペットボトルを代用）、色水（絵の具で着色）、土と砂

5. 本時の学習指導計画

(1) 本時の学習指導目標
・身近にある土と砂の違いを考えることができる。
・実験に積極的に参加し、実験から土の性質の理解を深める。
・自然界での土の役割を学び、自然に対する意識を確認する。

(2) 本時の展開

時間	教師の活動	児童の活動	備考（評価など）
0分	はじめ（礼） ・土と砂を児童に見せ、土と砂の違いについて質問する ・本時に行う土と砂を使った実験について説明する	はじめ（礼） ・土と砂の違いについて考え発表する ・本時に行う実験を理解する	・先生の話をしっかり聞いているか
5分	【実験】土と砂のろ過実験を行い、ろ過された色水を比べる		
	・ワークシートを配付し実験道具を準備するように指示する ・土と砂の特徴を、粒の大きさ、ろ過したときの水が流れる速さと水の量、水の色で比較して観察するように説明する （机間指導） ・実験結果をワークシートに記入させる	・班に分かれて実験道具を準備する ・土と砂の特徴を、どのように比較して観察すればよいのか理解する （実験） ・実験結果をワークシートに記入する	・漏斗とビーカー、絵の具で着色した色水を準備する ・土をろ過した色水は砂をろ過した色水よりも薄くなることに気づくことができるか

(8) 6年生B領域の理科授業の工夫　135

35分	【解説】 実験結果をもとに、土や砂の性質を理解する		
	・実験結果を班ごとに発表させる ・土の性質について説明する ・自然界での土の役割について説明する ・次時の予告をする	・実験結果を班ごとに発表する ・土の性質について理解する ・自然界での土の役割について理解する ・次時の学習内容を知る	・土の性質や自然界での土の役割について理解できたか
45分	終わり（礼）	終わり（礼）	

実験で使用した砂（左側）と土（右側）
砂は盆栽用で、土は赤玉土を砕いた物を使用した。

土と砂に色水をろ過させる実験の様子（その1）
授業で使用した物より大きいペットボトル（1.5リットル）を使用している。
　土の量と砂の量は共に350g、色水の濃度も量も同じにしてある。

土と砂に色水をろ過させる実験の様子（その2）
左側が砂、右側が土。色水がすべてろ過されるまで約1時間かかった。
結果は、ろ過された量は砂の方が多く、濃度も砂の方が濃かった。
これによって、土は色素を吸着し、水分も吸収していることが分かった。

土と砂に色水をろ過させる実験の様子（その3）
左側が砂、右側が土。光の当たり具合で、さらに濃度の違いが分かる。

【○○市立○○小学校　理科　ワークシート】

土と砂のろ過実験

名前 _____

土と砂の特徴を比べてみよう！！

	土	砂
粒の大きさ		
水が流れる速さ		
水の量		
水の色		

実験の感想

【授業者のリフレクション（振り返り）】

　地質と地層がテーマだったため、どの教材にするかは本当に悩みました。実際に児童が体験できることは、このテーマだとかなり限られていると思い、ならばやはり身近な土か砂にしようと思いました。土と砂なら、入手することが簡単で実験もしやすいと思ったからです。あらゆる文献を閲覧し、今回の「土と砂のろ過作用」の実験を発見しました。実際に文献で発見した時、土にあらゆる物質をろ過・分解する力があるとは知らなかったので、私自身とても驚きました。是非、この感動を児童にも伝えたいと思いました。準備は大変でしたが、楽しくできました。

　事前に実験を行ったときは、土と砂をそれぞれろ過した色水は、土の方の色が薄くなっていたのですが、模擬授業ではあまり変化は見られませんでした。実際の児童にこの結果を見せても、あまり良い反応は見られなかったと思います。もっとはっきりと差が出るように、事前の実験をもう少しするべきだったと感じました。

　また、時間は明らかに足りませんでした。実験を行うとなると、2時間続きの授業がよいと思いました。そうすれば、土や砂、色水の用意など、児童と共にできると思います。

　最後に環境問題に繋げたかったのですが、時間の関係や、土との関係性が少しかけ離れていたため、あまり伝わらずに、むしろ児童たちに疑問を抱えさせてしまいました。環境問題にこだわらず、土や砂の違いを児童が納得できるように、ゆっくりと丁寧に伝えるべきだったと思います。

　模擬授業で、土と砂をそれぞれろ過した色水の色にあまり差がなかったことに対して、宮下先生から土と砂の量を多くして、通り道を長くするとよいと指導して頂いたので、模擬授業で行った実験の倍以上の量で、実験をしてみました。すると、水の量も色も、一目瞭然で変わっていました。（写真参考）実際の実験でもこのぐらいの量で行うべきでした。しかし、その分時間は掛かってしまったので、やはり2時間続きにするべきだったと感じます。また、児童からは「違う色だったらどうなるのか」という疑問もあがってきていたので、班別で色を変えてもよかったと思います。

【授業の工夫したところ（著者のコメント）】

　この授業のねらいは、土地の構成物を学習する前段階として、身近にある「土」を探究し、自然界における土の役割を捉えるとともに、「土地のつくりと変化」の学習に対して興味と関心をもたせることです。

① 授業者の工夫：この単元を指導しようとした場合、学校の校庭を深く掘っていくとどうなっているだろうと児童に考えさせるなど、すぐに地層の話題にもっていきがちです。授業者は児童の身近な「土（粘土）」と「砂」を用い、水の浸透性の違いを実験により考えさせようとしています。この実験であれば、都心に生活する子どもにも馴染みがあり、実験にもスムーズに入り込んでこられるものと考えます。授業者自身、自分自身で事前実験を行い、浸透性に違いがあることを身をもって確認しているので、児童にもその違いの面白さがしっかりと伝わっています。正に、この実験は、自然大好きな子どもをはぐくむための授業の工夫だったと言えます。

② 学習の発展：本授業は、「土地のつくりと変化」単元の中の「土地の構成物と地層の広がり」の導入学習に位置づけていくことが可能です。この土や砂のろ過実験を応用し、ペットボトルの下部に粘土、中部に砂礫、上部にロームを乗せてろ過実験を行うと、地下水の仕組みが分かる実験にも広げることが可能です。

第4章 よりよい理科授業を目指して

（1）先生をめざす学生が思う小学校理科授業への抱負

　現在、私の周りには小学校の教員をめざす学生が多くいます。その学生一人ひとりにしっかりとした理科の学習指導力（「授業力」）を身に付けてもらうために、私の大学における授業では小学校を想定した模擬授業を学生一人ひとりに課しています。学生は、観察や実験の素材探しにはじまり、観察や実験の準備、ワークシートの作成、板書計画の作成、掲示物の作成、学習指導計画書の作成、模擬授業のためのリハーサルなど、私との事前相談を何度も行いながら模擬授業当日に向けて準備をしていきます。

　模擬授業日当日は、どの学生も緊張しています。しかし、いざ授業がはじまるとどの学生も本当の小学校教員になりきります。小学校の教員は、理科などの教科を淡々と伝えていればよいというものではありません。学生は観察や実験の途中、机間指導をしながら、児童役の学生の様子を確認（形成評価）しながら、授業を進めています。そして、授業をやり遂げた学生の顔は皆、すがすがしさを感じさせます。その後に、児童役の学生や私からのコメント（評価）を受け、授業改善の方向性を確認し、教材や学習指導計画書すべてを見直し、修正して担当学生の模擬授業は終了します。長い道のりですが、多くの学生はこの授業を受けてよかったと評価します。そして、将来小学校教員としてどのような理科授業をしていこうかとしっかりとした抱負ももつようになります。

　次に示すのは、こうした長い道のりをかけて模擬授業を実施し、評価を受け授業計画などの改善に努めた学生一人ひとりが記述した「小学校の理科指導を行うに際しての抱負」のほんの一例です。ここに記された小学校教員としての抱負は、現在、小学校などで実際に子どもに教育をしています現職教員の先生方の『初志』そのものではなかっただろうかとも思われます。どうか、学生の小学校教員に対する夢と意欲を読み取っていただければと思います。

【大学1年　Aさん】

　私は、この理科の授業を受講して、小学校教諭になりたいという思いがより強くなりました。他の授業とは違って、実践的であり、実際に自分自身が

教師の立場になって模擬授業ができたので、とても自分のためになったと思います。

初回の授業では、みんなの前に立って授業をするということが始めは少し恥ずかしかったです。模擬授業中に児童役の人たちが反応してくれて安心しました。そして、自分が一所懸命に準備した授業内容に興味・関心を抱いてくれたことがとてもうれしかったです。こういった喜びが、教師になりたい、または教師をやっていてよかったなという思いに繋がるのだなと思いました。

自分が実際に教師になって理科の授業を行うことになったら、まずは実験を必ず取り入れたいと思います。実験を行うということは、理解を深めることができるだけでなく、興味をもち、もっと知りたいという思いを子どもたちにもたせることができるということを学びました。私自身が小学校のとき、実験のある授業はとても楽しみだったことを覚えています。なので、その楽しみを、子どもたちに味わわせてあげたいと思います。そして、教室でじっと座って行う授業よりも、屋外での実験や、体を動かしながらの実験を行っていきたいと思います。子どもたちに、如何に自分から学びたいという思いをもたせるかが教師の見せ場だと思います。淡々と話しているだけの授業は効果が薄いということが分かりました。子どもたちに新たな発見、感動、喜びを感じさせてあげるような授業を行っていきたいと思いました。そして、それは理科だけでなく他の教科・科目でも同じことが言えると思うので、今回やった模擬授業を生かしていきたいと思います。

【大学３年　Ｂさん】

理科を指導するにあたって、教科書を読み進めるだけの「つまらない授業」ではなく、実験や観察を大いに扱う授業を目指していきたい。もちろん、根底にはしっかりした知識・理解の教育があり、実験→説明→実験…のような教育があるが。

なぜこう思うのかというと、私そのものの気持ちにある。私は小学校の頃、理科が嫌いであった。わけのわからない専門用語を覚えたり、植物の名前だとか出てきたり、あまり興味がわかなかったからである。初等理科指導法を受講していくにつれて、なぜ私は小学校の頃理科が嫌いであったのかを考え

るようになった。答えはすぐに見つかった。実験や観察の記憶があまりないからである。

　小学校の児童というものは、興味があることには学ぼうとする意欲が芽生え、その教材が好きになるほどである。裏を返せば、興味をもたない授業は学ぶ意欲が減少し、嫌いになっていくことだってある。理科の授業でどうしたら児童が興味をもつか。実験を大いに行うことで飽きさせない授業をすればよいのではないかと思う。

　もう一つの抱負として、「分からない児童がいるまま先に進まない」ということがある。分からない部分をそのままにして先の単元に進むことにより、分からない部分を学び直す機会がぐっと減る。その分からない部分を応用した単元が出てくるとやはり分からず、もっと嫌いになっていく。分からない部分を放っておくことは、理科嫌いになる負の連鎖を生むと思う。事実、私も植物のつくりが分からないままその単元が終わってしまい、今でも植物分野には若干の抵抗がある。授業とは、日々の積み重ねである。一つ抜け落ちることで、その時は大丈夫に見えても後々響いてくることがある。分からない児童がいるままでは先に進まず、復習の機会を設け、それでも分からない場合は時間を作って特別に補習をする。そういったきめ細やかな指導をしていけるような小学校教師になっていきたい。

【大学3年　Cさん】

　私が、今まで学んできた理科の授業は、椅子に座って黒板や教科書に書かれた重要な言葉の説明を受け、それをそのまま覚え、時々理科室に行き実験をするという授業展開が多かったと思える。そのため、特別理科が好きな教科であったと言うことはできない。しかし、あまり強い印象が無い理科の授業の中でも、カルメ焼きの実験や電気の仕組みを理解するために車を作ったこと、そして、振り子の授業は楽しかったと今でも思い出すことのできる授業であると言える。

　このことから、小学校の理科の授業を指導する際、私は単に座って話を聞くという授業ではなく、校庭に出たり実験を多く行ったりしていきたいと思う。教師の話を聞き、言葉を覚えるという授業よりも子どもが主体的に行動

し、その中で発見をしていくことが多くの学びを産み、さらに、自発的に覚えることにもつながるのではないかと感じるからである。また、子どもが自ら楽しいと思えることは、興味・関心を広げ、体験する中で自然と様々なことを覚えて強く印象に残るものであると思える。実際、先ほど述べた私の印象深い授業も子どもが楽しめ、自発的に行動することができる教材等を使っているように感じる。そのことがまずは、大事なのではないかと思う。

また、理科という授業を難しいものだと感じさせないようにしたい。実験となると難しく固いという印象を受けがちであるが、学校や子どもの身近な物を利用したり、興味が湧いたりするものを考えていきたいと思う。そして、「理科の授業＝観察や実験を行う授業」というイメージに捉われないように遊びや生活の中に自然と理科に関することを取り入れていきたいと思う。例えば、教室で生き物を飼うことで、その生き物に対しての理解も深まるし、命の大切さなども学ぶことができると感じる。どの授業も関連性があるということを頭に置き、授業展開ができるようになりたいと思う。

子どもたちに理科を教えるにあたり、私自身が理科を好きでなくてはならないと思う。実際、私はあまり理科が好きではなかったが、今回の模擬授業を通し理科が楽しいと思えるものが数多くあったことから、教師のアイデアや違った角度からの物事の見方や考え方で理科の授業はとても楽しく、子どもの興味を引くものが展開できると思う。そのため、教師の立場からも楽しいという気持ちがもてるような授業がしたい。また、子どもは一人ひとり理解するペースも考え方にも違いがある。大人が想像もつかないところを疑問に感じたり、思わず感心してしまうほどの考え方をする。子ども一人ひとりの疑問や考え方に対してそのままにするのではなく、学級全体にそれを問いかけ、少しでも多くの子どもがその場で理解できるような環境をつくりたい。

子どもの頃は、平気で虫を捕まえたり、ありとあらゆるものに興味を抱き、特に強く印象に残ったことは、大人になっても意外と覚えているものである。子どもの頃にしかできない、そして、子どもである貴重な時間により多くのことを経験し、創造性や好奇心が旺盛になるような子どもたちと共に教師として学んでいきたいと思う。

【大学3年　Dさん】

　なぜ理科嫌いの児童が増えているのでしょうか。それは、教師が理科の楽しさや魅力を十分に伝えることができていないからだと言えます。理科とは、身近な事物や現象に関する学びであるにもかかわらず、今の教育現場では実際にそのような事物や現象と触れ合う機会が少なく座学ばかりになっていることが、理科嫌いの児童を増やしてきたのだと考えられます。理科の授業が座学ばかりになってしまっては、児童は理科を身近なものに感じることができず、興味・関心・意欲をもつことができません。興味・関心・意欲をもつことができないから、授業がつまらないものに感じ、その結果、理科嫌いになってしまうのです。

　以上のことから、私が理科指導を行う際には、教師が児童に様々な事物や現象についての知識を「与える」のではなく、児童が自ら事物や現象について「気づく」ことができる授業を行っていきたいと考えています。

　児童が「気づく」授業にするために、私は座学ばかりではなく可能な限り実験・観察を行いたいと考えています。実験・観察を行うことで児童の興味・関心・意欲は増し、その上、様々な現象に対して自ら考える姿勢が養われると思います。自分自身で思考し、予想・実験を繰り返すことで質のよい「気づき」を得ることができるでしょう。また、様々な事物や現象を知識として教わるのではなく、自らが実験し、それを観察することで知識・理解が深まります。それに加え、実験によって沢山の驚きや感動を得ることができるので、児童の印象に深く刻まれ、一度得た知識を忘れにくくなると思います。

　また、実験・観察のほかにも、身近な自然現象を活用した遊びを授業に取り入れていきたいと考えています。身近な事象を有効に活用することで児童は様々な事象に、より興味をもつことができ、理科を身近なものとして捉えることができます。そして、その結果、児童は理科を学ぶ意義を見出していくのではないかと考えています。

　沢山外に出て、観察や遊びの中で自然を「学び」、実験を通して科学に「気づく」、そのような理科の授業を行うことが私の目標です。児童の興味・関心・意欲を引きだし、感覚によって得た「気づき」を大切にした授業を行いたいのです。そのような授業を行うことで児童の理科嫌いは改善され、様々な不

思議な事象や現象に対して「なぜだろう？」という疑問をもち、「知りたい、学びたい」という気持ちにつながっていくのだと思います。

　そして最後に、根本的なことですが何より大切なこととして言えるのは、私自身がこれまで以上に理科に興味をもち、好きになることだと思います。私は、この初等理科指導法で受けた授業を通して理科が好きになりましたが、まだ得意とは言えません。なのでこれからは今まで以上に、身近な事物・現象に興味をもち、学んでいこうと思います。そして「私たちの生活に身近な理科」の魅力について伝えていける教師になりたいと強く感じています。

【大学３年　Ｅさん】

　私は小学校時代、理科が大好きだった。それは、「不思議だな」、「なぜだろう」と思うことの答えを実験や観察を通して見つけることができ、その時に驚きや嬉しさ、楽しさを感じることができたからであった。今でも小学校でどんな理科の授業をしたか、はっきりと覚えているくらいである。今になって、そう感じることができたのは、理科の先生が、私たち児童が楽しんで参加できるような授業を考えてくれていたからだということがよく分かった。模擬授業をするにあたって、理科の授業を考えたとき、児童にそう感じさせることの大切さを実感できた。

　私が理科指導を行う際に大切にしたいことは、児童が実験や観察を通して、自分自身の感覚を使って体験的に問題を解決していくということである。そして、実験や観察を通して感じた疑問や、答えを発見できた喜びの気持ちを大切にしていきたい。これは、ただ教科書や資料集を見るだけでは感じることはできないと思う。自ら実験や観察を行い、試行錯誤して実感できるものだと思う。これが理科の面白さだと私は考える。この面白さを十分に児童に伝えていけるような授業を考えていきたい。模擬授業では、どの単元の学習にも実験や観察がありとても楽しかった。児童役として参加した私自身、「どうして」、「なぜだろう」、「次はどうなるのかな」などといった気持ちをもつことができ、活動に対してより積極的に参加できた。小学生は、私たち大学生よりもっともっと好奇心が旺盛である。この児童の好奇心や関心、意欲をさらに伸ばしていけるような、そして、児童自身が活動しながら主体的・積

極的に学んでいけるような授業をしていきたいと思う。

　私は、問題や課題に対して児童が「考える」ということも理科指導の際に大切にしたい。教師が問題を出した時、すぐに答えを教えるのではなく、児童に考えさせる時間をしっかり与えたい。児童が自分なりの答えをもったり、予想を立てたりすることで、見通しをもって実験や観察を行うことができる。また、考えや予想を確かめるために実験や観察を行うということを理解させ、その活動一つ一つの意義をしっかりと分からせていきたい。

　理科は本当に面白い教科だと思う。自然や科学のもつ不思議さや面白さを学ぶことができる。新しいことを知っていける。この学んでいく楽しさ、知っていく楽しさも児童に伝えていきたい。そして、児童みんなに理科を好きになってもらいたい。小学生の時に理科好きになると、その気持ちは、中学生になっても、高校生になっても大人になっても続いていくと思う。自然や科学に関心をもつことは、環境に関することや生命の尊重など他の様々な分野について考えることへもつながっていくと思う。その基盤となる小学校での理科指導は本当に大切であるように感じる。この「初等理科指導法」で学んだこと、得た授業のアイディア、そして教師役をしてもつことのできた自信を、将来小学校教諭になって理科の指導を行う際に絶対に活かしていきたいと思う。そして、児童が楽しく学べる授業を行っていきたい。

【大学3年　Fさん】

　理科の根本を私たちの視点で思い描くものは、きっと物理学や化学や天文学・生物学・生理学などの学問の体系や、それらの学問の応用されたいろいろな物事を思い起して、非常に難しいもの、近づきにくいものと考えやすい。しかし、このような学問上の理論や、体系や科学の事柄を教えていくものが小学校理科の指導として適切なことではない。

　アサガオが成長した記録をとって「今日は晴れだったからいっぱい成長したのかな」、オタマジャクシの卵を顕微鏡で見て「最初はこんなに小さいんだね」など児童が積極的に発見を楽しみ、進んで物事を学ぼうとする強い意欲と正しい態度とをもつようになることがとても大切なのだと私は思う。

　理科の学習の本質は、日常生活における自然についての経験を組織的に発

展させることであると考える。つまり、身のまわりで起こるいろいろな現象や物事に疑問をもち、これを解決しようとして、予想を立てて実際に試してみて納得のいく結果を求めることが、まず「気づき」という観点から大切なことだと思う。

このような経験の発展を図るためには、子どものそれぞれの発達の段階において、身近な現象について正しく見きわめ、詳しく考え、適確にその現象に対処する能力を組織的に養うように促していくことが大切だ。

このような科学的な考察や処理が要求されるのは、自然環境についてだけではない。私たちの日常生活のあらゆる場面において、科学的に考察し処理していくため、頭の中で理科の学習においての変換ができてこそ理科学習と児童一人ひとりの生活における大切な軸を作っていけるのではないかと思う。このような意味で理科を通して児童に求められることには、科学的な考察と処理の大切なことがある。

私が理科教育で重きを置くところは「自然物を大切にして、生物の尊さをどれだけ理解できるか」に注目している。人と人とのつながり、生き物と生き物のつながり、人間だけが地球上で特別な存在なわけではない。人の命を尊重するのと同時に様々な生き物に対しても同じ感情を抱いてほしいと私は思う。生き物を学習する場面ばかりではないが、そのときには生き物の生命に対する尊重を教えていきたい。

【大学4年　Gさん】

「理科」の授業は、自分の将来にとってとても役立つものでした。今回の授業を通して感じたことは、やはり体感すること、感じることの大切さです。理科の題材は、ほとんどが私たちの身近にあるものです。だからこそ、見逃してしまいがちなこともあります。

こうしたことを発見し、気づくということは簡単そうで、意外と難しいことです。それを理科の授業を通して、児童に伝えるということはとても大切だと思います。そして、実際に体験して感じることで、知識も深まり興味もさらに湧くということを、自分の身をもって理解しました。座学よりも自分で積極的に授業に参加するということに、とても意義があると思います。大

人になった今でも、実験を行ったりするのは楽しかったです。また、自分が知らないことを知った時の感動は、きっと大人も子どもも同じだと思います。その感動をいかにして伝えるかは、教師の技量だと感じました。

　また、児童役を体験して感じたことは、興味をもてる授業とそうでない授業の差です。これははっきりと感じました。あらかじめ事前準備が丁寧にされていると思われる授業は、理解度も深かったです。内容が難しく理解しがたくても、面白さはありました。しかし、そうでない授業は、流れもつかめず、正直面白さはありませんでした。これが児童だったら、全く授業に関心を示さないのではないかと思います。素質などもあるのかもしれませんが、一番は事前準備を行い、教師がきちんと理解していることが大切だと感じました。

　理科という授業は、面白さという点ではどの教科よりも上だと感じます。TV出演をよくされているでんじろう先生の実験は、大人でもとても楽しめます。でんじろう先生が授業を行ったら、児童がとても惹きつけられるはずです。私は理科はあまり得意ではありません。しかし、理科の面白さなら感じられます。その面白さを、児童にも伝えていくのが教師の役目だと思います。私も理科の授業で、児童が「面白い」と思えるような授業を行いたいです。そのためには、やはり知識を蓄えなければならないと思います。そして、発見したいという意欲や向上心をもち、常に児童の目線に立って、些細なことにも感動することを忘れずにいたいです。いつも児童と一緒に授業をしているということ、児童と共に授業を作り上げているということを、心掛けている教師になりたいと思います。

【大学４年　Ｈさん】

　今回実際に模擬授業を行って、私が今後小学校の理科指導を行うに際して考えることは、黒板に向かって一方的に講義を行い、知識だけを伝えて詰め込んでいくような授業形式ではなく、実験や観察を可能な限り多く取り入れ、実際に児童たちに様々なものに触れてもらい、また様々な体験をしてもらえるような指導を行っていきたいと考えます。

　宮下先生がおっしゃっていた、児童だけでなく教師の理科嫌いが増えてい

る原因の一つでもありますが、実験や観察には毎回の準備や綿密な指導計画が必要となり、大変な面もあります。しかし今回模擬授業を行い、ピーマンの種の個数に関して、私たちが当初考えていた考えとは異なった、大きく差の開いた不規則な結果を目の当たりにしました。

このように教師側でも予想通りにいかない教科が理科であることを学び、それが理科のよい所でもあると考えました。実際に私自身もこの点に関してはとても興味深く感じ、教師側から見ても理科は面白い教科であると思いました。

また、今回の模擬授業の反省点ともなりましたが、事前に可能な限り説明の時間を短縮できるような教材の準備や指導計画を行い、限られた小学校の授業の中で実験や観察の時間を可能な限り多く取ることも、忘れずに行っていきたいと思います。

実験や観察を児童たちと共に行っていくことで、教師も一つ一つ新たなことを学び、発見していくことができると今回の模擬授業を通して学びました。教師として、子どもたちと共に学ぶ姿勢も大切にしていきたいと思います。

以上のことを踏まえ、私は将来小学校の理科を指導するにあたっての抱負として、実践を大切にすることを常に念頭に置いていきたいと思います。また教師として常に学び、向上しようとする姿勢も大切にしていきたいです。そして児童たちに理科は楽しいものであると思ってもらいたいと考えます。

(2) 先生と先生をめざす学生に期待すること

　学生の模擬授業を実施した後の感想文の中に、「私は、中学校、高等学校と理科は大嫌いでしたが、この授業を通して、実際に自分で自然事象を発見したり、それを小学校の授業に計画・実施したり、他の人の模擬授業を児童役として受けている間に、理科が好きになってきました。そして、小学校の先生に是非なって、たくさんの観察・実験を子どもたちに指導していきたい。」という文面をよく見かけます。

　小学校高学年、中学校、高等学校時代とあまり理科が好きでなかった人も、今からで十分なので、この大自然の中で一つでいいので、あなた自身の発見をしてみてください。特に、近い将来、幼稚園、小学校、中学校、高等学校などの教員をめざす人、すでに教壇に立っている人、第3章の授業例を参考に探してみてください。一つ発見できれば、それを子どもに心を込めて指導していけることでしょう。

　教える教員自身が「楽しい」「ウキウキする」と感じる理科の授業でなかったら、子どもたちに自然事象の楽しさや不思議さを伝えていくことはできないのです。子どもを指導する教員自身が自然事象と触れ合い、新たな「発見」をし、自分自身が「すごい！」、「面白い！」、「不思議だな」など大きな感動を体験することが一番です。

　第1章でも述べましたが、私は、これまでに多くの小学生・中学生・高校生・大学生、そして、現職の学校の先生方に自然の姿を直接見てもらうことを目的に、地層や化石採取に野外に連れ出しています。化石採取の場面では、みなさん意欲満々に化石採取を行います。2009年8月に、私のゼミの学生を埼玉県秩父の荒川に連れて行きました。汗だくで川原に降り、化石採取の現地まで道なき道を歩いていきました。そんな思いをしながら現地にたどり着き、慣れない化石用ハンマーを持っての化石採取ですが、何と、2畳分ほどの砂岩の一面にはまぐりほどの貝化石が密集しているのを発見したのです。これには私自身も「すごい！」と叫んだほどです。当然学生もびっくり、自然の中での大発見でした。この化石は約2,000万年前の新生代第三紀の地層です。学生はこの発見と感動を一生忘れないことでしょう。そして、次代の

子どもたちにこの感動を何らかの形で伝えていってくれることでしょう。

　現職の先生方、そして先生をめざしている学生のみなさん、普段の生活の中や街を歩いている中で、まずは「これは何だろう？」、「どうしてだろう？」など、自然事象に対して不思議さを常にもっていてもらうことが必要です。その上で、書籍やインターネットで概要を調べ、自分自身で確かめてみることです。すると、次には、「すごい！」、「面白い！」、「分かった！」とつながっていくでしょう。ここにこそ、教員自身の自然事象に対する「楽しい」「ウキウキする」が出てきます。この感動を是非、子どもたちに心をこめて伝えてあげてください。当然観察や実験により自然事象の実物に触れさせながら。

　中学校や高等学校の理科は、数字を扱ったり、理論が多く出てきたりすることから理科が面白くなくなってくると言われます。しかし、先生の授業の仕方で、または先生の熱い自然事象への思いで生徒は変わってきます。当然、小学校の児童にとっても同じです。著者である私自身もさらに自然事象から新たな発見に努めていきます。自然大好きな子どもを一緒にはぐくんでいきましょう。

著者紹介

博　士（学校教育学）　宮　下　治
　　　　　　　　　　　みや　した　おさむ

現　職　　関東学院大学准教授（人間環境学部人間発達学科所属）

＜略　歴＞
　1956年に東京都荒川区に生まれる。東京学芸大学、東京学芸大学大学院（修士課程）修了後、1981年より東京都立高等学校で理科（地学）教諭として従事する。1994年より教育指導行政に移り、東京都大田区教育委員会や東京都教育委員会において、指導主事、主任指導主事、課長の職に従事する。2007年より大学に籍を移し理科教育をはじめとする教員養成に従事している。
　2008年3月に博士（学校教育学）の学位を兵庫教育大学より取得。

＜著　書＞
『新版東京都地学のガイド―東京都の地質とそのおいたち―』（共著）、コロナ社、1997。
『生命の地球、第3巻「爆発する生命」』（共著）、三友社出版、2000。
『野外自然体験学習と理科教育―よりよい指導のために―』（単著）、春風社、2009。
　　　　　　　　　　　　　　　　　　　　　　　　　　　　　　その他

＜論　文＞
『地学野外学習の実施上の課題とその改善に向けて―東京都公立学校の実態調査から―』（単著）、日本地学教育学会誌「地学教育」、第52巻、第2号、1999。
『都心部での地形測量に基づく「土地のつくり」の教材化―地学野外学習に対する教師の意識をふまえて―』（共著）、日本地学教育学会誌「地学教育」、第56巻、第2号、2003。
『理科自然体験学習教材の評価の現状と今後の方向性―地学野外学習教材を例にして―』（単著）、日本理科教育学会誌「理科教育学研究」、第47巻、第3号、2007。
『理科自然体験学習の類型化と学習支援の必要性』（単著）、日本理科教育学会誌「理科教育学研究」、第49巻、第1号、2008。
『理科自然体験学習における学習支援の類型化とその実践による評価―学習支援と教員の成長との関わり―』（単著）、日本科学教育学会誌「科学教育研究」、第33巻、第2号、2009。
　　　　　　　　　　　　　　　　　　　　　　　　　　　　　　その他多数

実践　理科教育法
―子どもの「すごい！」を引き出す手作り授業―

2010年5月10日　第1刷発行

著　者　　宮　下　　　治

発行者　　関東学院大学出版会
　　　　　代表者　大　野　功　一
　　　　　236-8501　横浜市金沢区六浦東一丁目50番1号
　　　　　電話・(045)786-5906／FAX・(045)786-2932

発売所　　丸善株式会社
　　　　　140-0002　東京都品川区東品川四丁目13番14号
　　　　　電話・(03)6367-6038／FAX・(03)6367-6158

デザイン／版下制作・斉藤綾一
印刷／製本・三美印刷株式会社

Ⓒ2010　Osamu Miyashita
ISBN 978-4-901734-37-0 C3037　　　　　　　　Printed in Japan